LA RÉVOLUTION CONSERVATRICE AMÉRICAINE

GUY SORMAN

LA RÉVOLUTION CONSERVATRICE AMÉRICAINE

Fayard

Le bon vieux temps a-t-il vraiment disparu
Le temps où notre pays était fort ?
C'était avant la guerre du Vietnam
Avant les Beatles et Yesterday.
Les Ford et les Chevrolet duraient dix ans,
Le coke n'était que du Coca-Cola
C'était avant les fours à micro-ondes
Les filles savaient encore faire la cuisine...
Arrêtons de dévaler la pente
Debout et saluons le drapeau
Que les Ford et les Chevrolet durent dix ans comme avant
Le meilleur de la vie est encore devant nous
Le bon vieux temps n'a pas disparu

Chanson de Merle Haggard (1982),
adaptée de l'anglais

Are old times over for good...
Back when the country was strong
Before the Vietnam war came along
Before the Beatles and yesterday
I wish a Ford and a Chevy would still last ten years
I wish Coke was still Coca
Before micro-wave ovens
Before a girl still cooked...
Stop rolling down hill
Stand up for the flag
Make the Ford and the Chevy still last ten years
The best of the free life is still to come
The old times are not over for good

1.

Le voyage américain

Il faut aller en Amérique, c'est là que les choses se passent. Ce pays reste le formidable laboratoire social, économique, politique de l'Europe. Français et Européens ne cessent de chercher aux États-Unis un pressentiment, les frémissements de leur propre avenir.

Le premier, Tocqueville, l'a compris il y a cent cinquante ans déjà, et plus récemment, pour notre pays et notre génération, Jean-Jacques Servan-Schreiber, Jean-François Revel, Edgar Morin. Tous découvrirent à la source même ce qui allait devenir vrai ici, quelques années plus tard, avec l'étrange décalage qui nous sépare toujours des États-Unis, quelles que soient la vitesse et la banalisation du voyage.

En 1831, Tocqueville va voir « à quoi ressemble une grande République avant qu'elle n'arrive chez nous ». Contre l'opinion dominante de son temps, il prévoit que le danger qui guette la démocratie ne sera pas le désordre, mais l'excès d'ordre, une dictature de la majorité pouvant conduire au totalitarisme.

En 1967, Jean-Jacques Servan-Schreiber discerne dans le modèle américain le capitalisme rénové, la primauté du management intelligent sur la possession de ressources naturelles, la modernité industrielle, le permanent défi de la compétition internationale : tout ce qui, depuis les années 70, commande notre économie. En 1970, Jean-François Revel importe en France le discours d'une nouvelle gauche qui réfute Marx et Jésus et va précipiter le remplacement du socialo-marxisme par un socialisme libéral, contestataire et autogestionnaire. La même année, Edgar Morin rapporte de Californie une nouvelle morale partagée depuis par toute la jeunesse occidentale.

Reste à comprendre pourquoi les Américains, Européens rejetés d'Europe pour la plupart, font-ils mieux, ou en tout cas *avant* nous, ce que nous sommes conduits à faire, avec retard, à leur exemple ?

Les Américains ont peu ou pas d'histoire. C'est le seul peuple sans racines ni généalogie. Son passé est à peine dans les livres, il est immédiat, à la portée du souvenir et de la tradition familiale. Les Américains sont quelquefois nés en Amérique, mais en général ailleurs, partout ailleurs. Si ce n'est eux, c'est leur père, au mieux leur grand-père, pour une poignée seulement leur arrière-grand-père. C'est ce peu d'histoire qui, à coup sûr, les porte à sans cesse inventer leur avenir, faute de contempler, voire de ressasser leur passé. Cette liberté d'imagination s'exerce sur un espace immense, sans ennemi aux frontières. Loin de toute menace immédiate, les Américains peuvent se mobiliser pour d'autres causes, toutes les causes. Sans que jamais — ou très rarement — l'État, au nom de l'unité nationale, puisse imposer comme en Europe une idéologie unique et uniformisante.

Mais une nation ne peut pas être seulement une collection d'individus disparates sans contrat social minimum. Ce minimum, c'est le rêve américain, c'est-à-dire une croyance profonde dans l'égalité des chances des individus, dans le progrès continu et dans la bonté fondamentale de l'homme. Cette idéologie américaine est appelée par les Européens « naïveté ». Naïveté irritante pour nous quand elle débouche sur un sentiment de supériorité du modèle américain et sur la conviction que l'Amérique, puisqu'elle croit au bien, ne peut faire le mal.

En contrepartie, cette foi dans la bonté *a priori* de l'homme donne aux Américains une ouverture à autrui sans équivalent chez les autres peuples.

Là où l'Européen se sent perpétuellement agressé et en position de défense, l'Américain est toujours disposé à dialoguer, à s'expliquer, voire à se justifier. Imaginons un moderne Tocqueville américain qui tenterait de rédiger un livre intitulé *La Démocratie en France,* et de rencontrer, pour ce faire, les cent personnes les plus influentes de notre pays. S'il leur écrivait pour solliciter un entretien, son courrier resterait probablement sans réponse. S'il téléphonait, il ne franchirait jamais le cap de la standardiste, à la rigueur de la secrétaire si son français est convenable, mais jamais au-delà. Le préjugé est négatif, la méfiance est de règle. Notre auteur parviendrait peut-être à ses fins après des mois d'efforts s'il accédait à suffisamment d'intermédiaires capables de le mettre « en relation » avec ceux qu'il désire voir « personnellement ».

Considérons maintenant l'expérience du vrai Tocqueville. Ce jeune homme de vingt-cinq ans débarque à Newport, dans la région de Boston. Il est totalement inconnu, n'a en poche aucune recommandation particulière, sauf un vague sauf-conduit du ministre français de la Justice et une lettre de La Fayette. Pendant neuf mois, il parcourt les États-Unis d'alors, rencontre qui il veut, s'entretient avec des centaines d'Américains appartenant à tous les milieux sociaux, et particulièrement à l'élite politique et économique du temps. Il sera très frappé par cette facilité d'accès et l'expliquera par la jeunesse de la nation américaine, son absence de passé aristocratique, l'esprit démocratique qui y prévaut.

Cent cinquante ans plus tard, tout voyageur qui souhaiterait découvrir sinon l'Amérique, du moins les Américains, pourrait renouveler l'expérience avec autant de facilité. Peu sont hors d'atteinte. Si vous leur téléphonez, c'est que vous avez une bonne raison de le faire. Si vous souhaitez leur parler, c'est que vous avez quelque chose d'important à leur dire ou à leur demander. Ni le pouvoir ni l'argent ne rendent les « importants » inaccessibles ou formalistes.

Pour en revenir à notre hypothétique Tocqueville américain, il lui suffirait de séjourner à Paris et de limiter ses déplacements à trois arrondissements de la capitale qui concentrent la totalité du pouvoir intellectuel, politique, social et culturel. Le vrai Tocqueville, en revanche, a dû parcourir à cheval et en bateau plusieurs milliers de kilomètres dans une Amérique qui, à l'époque, ne représentait que le quart de sa superficie actuelle et dont le Mississipi constituait à peu près la frontière orientale. Le pays n'avait pas de centre puisque, dès l'origine, ce fut une souple fédération de petits États autonomes.

De plus, les Américains se déplaçaient constamment, transférant d'un lieu à l'autre le centre de gravité économique ou politique du pays. C'est donc logiquement en voyage, dans les diligences et à bord de bateaux, que Tocqueville rencontra ses interlocuteurs.

Toutes ces observations restent valables aujourd'hui, à ceci près que l'Amérique est encore plus vaste et que l'avion a remplacé le cheval. Les États-Unis ont moins de centre que jamais, les Américains s'y déplacent toujours autant mais plus vite.

L'Amérique est une civilisation de la route : du chemin des pionniers, de la diligence des westerns, des grosses américaines des années 50 aux gros cubes des années 60 et à l'avion d'aujourd'hui. Avec son univers de cinémas, de drive-in, de bars ouverts jour et nuit, de camionneurs, de citizen-band, de motels. Impossible de se perdre : tout est fléché, balisé, éclairé. Le voyageur trouve toujours et partout un snack, une étape, une chambre, un poste de télévision qui dispense des programmes 24 heures sur 24. Cette Amérique ne ferme jamais.

Le pays est agité d'un mouvement perpétuel. Personne n'habite là où il est né, chacun s'identifie rapidement à la ville ou au village où il s'installe, quitte à choisir un autre lieu l'année suivante.

Cette agitation vertigineuse sur un espace infini confère aux Américains comme au voyageur un sentiment de liberté, mais aussi d'insécurité. Celle-ci, et la nécessité humaine de se sentir partout chez soi, partout en Amérique, quel que soit l'endroit où l'on se trouve, expliquent sans doute cette banalisation de l'espace par les repères universels que sont les chaînes : les McDonalds, les Holiday Inn, les Burger King, les Hilton, les Sheraton jalonnent la route pour rendre l'espace supportable.

Les églises sont organisées sur le même modèle : chaque secte — et elles sont innombrables aux États-Unis — essaie de multiplier le nombre de ses relais locaux à l'instar des hôtels et des grandes surfaces. Tout en se déplaçant, les fidèles peuvent conserver le contact avec leur communauté d'origine, et il n'est pas rare qu'un village compte une dizaine de lieux de culte, preuve de la vitalité religieuse et de l'esprit de compétition qui règnent dans le christianisme américain.

Dans chaque chambre d'hôtel, le voyageur trouvera

une bible placée par l'Association des Gedeons. Dans les Holiday Inns du Sud, une affiche indique qu' « un pasteur est à la disposition des clients en cas de besoins spirituels ; il est à la fois expérimenté, de bon conseil, et en relation avec des représentants d'autres religions » — avec son nom et son numéro de téléphone.

Même chose pour la télévision et la radio, en principe éclatées en milliers de stations locales, mais en fait reliées à des réseaux nationaux, les networks (ABC, CBS, NBC) qui insèrent dans les programmes locaux leurs bulletins d'information nationaux. En allant d'une ville à l'autre, on entendra donc tel programme local, plus ou moins folklorique, mais interrompu fréquemment par le repère des émissions nationales. En avion, sur les lignes intérieures, il est désormais possible de continuer à suivre les programmes de télévision, en particulier les grands matchs de football américain. Plusieurs chaînes de journaux — Gannett est la plus importante — fonctionnent sur le même modèle en fédérant des centaines d'organes locaux qui reprennent les articles nationaux, en particulier les éditoriaux des journalistes « syndiqués » avec le groupe.

L'homogénéité du logement, de la nourriture, de l'urbanisme, de l'information, de la foi, compense la diversité des paysages et des climats. Rien n'est plus rassurant que la certitude, à Pittsfield, Massachusetts, de manger le même hamburger, au même prix, qu'à Longview, Texas, ou Kennesaw, Georgie.

Tous ces points, distants les uns des autres de plusieurs milliers de kilomètres, sont reliés entre eux par un maillage serré d'autoroutes toutes semblables, d'avions et de lignes téléphoniques. L'observation la plus immédiate du Tocqueville d'aujourd'hui serait que les Américains passent leur temps à rouler, à voler d'un aéroport à l'autre, à téléphoner. L'expression américaine : « *We keep in touch* » (restons en contact) est certainement l'une des plus explicites de la relation que ce peuple entretient avec le territoire immense qu'il ne cesse de conquérir.

Notre Tocqueville moderne sera donc condamné lui aussi, pour garder le contact, à rouler, à voler et à téléphoner. Dans la même journée il devra prendre trois avions pour avoir trois entretiens en trois villes différentes situées à plusieurs milliers de kilomètres les unes des autres. Il voyagera plus vite que Tocqueville, mais ne verra pas plus de gens dans la même journée, et ses entretiens en seront à l'évidence abrégés et plus superficiels.

L'avion, au contraire de ce qui se passe en Europe, n'est pas ici un lieu où chacun s'isole dans la lecture de son journal. Les inévitables « d'où venez-vous ? où allez-vous ? que faites-vous ? » peuvent à la longue s'avérer lassants, mais vont bien au-delà du rituel. Ils expriment l'angoisse de ce peuple de migrants, l'esprit de la Frontière[1]. Plus que des formules de politesse, ce sont des questions importantes auxquelles on ne répond pas à la légère, même si la route est aujourd'hui plus brève et plus sûre.

Le soir, le voyageur aura la garantie de trouver partout une chambre d'hôtel normalisée, où qu'il soit, dans laquelle le bouton de la lampe de chevet sera toujours au même endroit, le lit toujours semblable, le sourire de l'accueil immuable.

Cette banalisation de l'espace n'a cessé de s'accélé-

1. La frontière est, au XIXe siècle, la limite extrême de la colonisation blanche. Chacun peut alors tenter sa chance en reculant cette Frontière. En 1960, John Kennedy lance l'expression « nouvelle frontière », la limite n'étant plus ici géographique, mais sociale et technologique.

rer : à l'origine, par la colonisation agricole, relayée au XXe siècle par la colonisation industrielle, et aujourd'hui par la colonisation financière. Au fur et à mesure que les États-Unis devenaient une économie moins agraire, puis moins industrielle, et davantage une économie de services, le paysage s'est encore plus fortement homogénéisé. Par définition, une économie de services doit offrir partout le même type d'environnement et de produits. En vingt ans, les villes américaines en ont été profondément transformées. Chacune s'est dotée de son centre d'affaires dont les gratte-ciel de Manhattan sont l'archétype et la référence absolue.

Peu de sites historiques ont résisté à cette tourmente architecturale qui a dressé au milieu de toutes les cités importantes des tours de verre et d'acier. Les plus anciennes et les plus chéries par les Européens, comme la Nouvelle Orléans, San Francisco ou Boston, n'ont pas échappé à ce cycle de destruction de tout ce qui faisait moins de quinze étages, et de construction de tout ce qui en dépasse quarante. Et si les affaires marchent comme à New York, les quarante étages, à leur tour, disparaîtront au profit de soixante, voire d'une débauche composite où l'architecte associera, luxe suprême, des matériaux traditionnels, comme la pierre de taille ou le granit, aux techniques de construction les plus sophistiquées.

A ce conformisme du succès vertical répond l'idéal horizontal des classes moyennes : la maison individuelle au revêtement de lattes de bois peintes, à toit de shingle imitant l'ardoise, à véranda couverte et pelouse ouverte. L'absence générale de clôture entre les jardins et sur la rue symbolise profondément l'ouverture aux autres, l'esprit communautaire de bon voisinage qui règlent la vie collective selon des principes à peu près inverses des nôtres.

Le mode d'urbanisation dilate les villes sur des surfaces immenses et ne permet donc que les déplacements en voiture. Le président de Chrysler me faisait observer que le taux élevé de divorces, en multipliant le nombre des véhicules nécessaires, était devenu le principal facteur de croissance de l'industrie automobile. Cette utilisation maximale d'un espace infiniment disponible, combinée à la sur-utilisation de la voiture, explique peut-être le goût des Américains pour le sport, ou la nécessité qu'ils en ressentent particulièrement pour la course à pied.

Le blue-jeans, identifié en Europe à l'uniforme américain, est à cet égard fortement concurrencé aujourd'hui par le survêtement du jogger. Non seulement les Américains se déplacent, mais, de surcroît, ils courent.

Une autre différence avec l'époque de Tocqueville réside dans l'extraordinaire diversité d'origine des Américains d'aujourd'hui, sans commune mesure avec la communauté blanche, anglo-saxonne et protestante (les WASPS[2]) au début du XIXe siècle. Il n'est pas de nation au monde[3] qui n'ait fourni ici son contingent d'immigrants, et le flot ne s'en est jamais ralenti, malgré des lois de plus en plus restrictives.

Les Anglo-Saxons protestants ne sont plus dominants, et les blancs le sont de moins en moins. Des villes comme New York sont devenues tropicales, plus caraïbes qu'européennes. Tout le Sud-Ouest est mexicano-américain et parle espagnol. Le plus remarquable est que la fusion entre ces communautés ne se fait plus,

2. White Anglo-Saxon-Protestants.

3. La France est pratiquement le seul pays européen qui n'ait pas fourni un contingent notable d'immigrants aux États-Unis, ce qui est révélateur de notre tempérament hexagonal et l'a probablement renforcé.

si elle s'est jamais faite. Le fameux *melting pot*[4] n'est pas racial, mais culturel, et se réduit — mais c'est essentiel — au contrat social américain d'égalité des chances de succès.

L'interminable attente, les contrôles d'identité apparemment sévères des étrangers dans les aéroports américains, dernier avatar d'Ellis Island, centre de tri par lequel devaient transiter à New York les migrants du début du siècle, sont là pour rappeler que la porte du paradis américain n'est ouverte qu'à ceux qui le méritent et qui déclarent sur l'honneur, en sollicitant un visa, n'avoir jamais été communistes ni nazis.

Il serait intéressant de demander aux touristes qui entrent aux États-Unis combien ont lu avant de la signer cette déclaration imprimée en caractères minuscules sur les formulaires de demandes de visa. Probablement personne. Je connais au moins une exception : celle de l'historien Emmanuel Leroy Ladurie qui, ancien membre du parti communiste, aurait éprouvé, selon lui, un véritable cas de conscience en signant ce document. Ce qui ne l'empêche cependant pas de se rendre régulièrement dans les universités américaines, où son œuvre est très appréciée, et de faire partie des rares intellectuels français à bien connaître les États-Unis.

Tandis que le touriste fait la queue à l'aéroport Kennedy, 750 000 migrants illégaux entrent chaque année dans le pays en franchissant le Rio Grande, la frontière mexicaine, ou en débarquant en Floride sur des bateaux de fortune. Une fois à l'intérieur, tout contrôle disparaît, il n'est pas obligatoire de porter sur soi ses papiers d'identité, et, en dehors du vote, ces migrants

4. Littéralement « creuset » : théorie qui culmine dans les années 20 et selon laquelle tous les migrants avaient vocation à fusionner et s'uniformiser en un peuple, une culture et une langue homogènes.

ont rigoureusement les mêmes droits que les citoyens américains ; ils travaillent, envoient leurs enfants à l'école, obtiennent leur permis de conduire.

Ce peuple bigarré constitue en même temps une société homogène et peu divisée. Comme Tocqueville l'avait pressenti, c'est donc que la démocratie, combinée au système capitaliste — et ce second aspect n'était pas encore évident en ce temps-là — est plus uniformisante que ne le seraient des origines raciales ou religieuses communes.

L'existence même des États-Unis repose sur l'adhésion à ce credo humanitaire, qui, s'il n'avait été vérifié par deux siècles d'histoire, aurait volé en éclats depuis longtemps. C'est pour cette raison que l'Amérique est en soi une idéologie, tout comme l'antiaméricanisme en est une autre. Il convient de s'y arrêter : l'antiaméricanisme courant dans certains milieux intellectuels et politiques européens, sous couvert de dénoncer l'impérialisme culturel, militaire ou économique des États-Unis, recouvre en fait d'un voile théorique une haine plus profonde envers une nation qui incarne le contraire des valeurs auxquelles sont attachés les Européens : la race, le sol, l'histoire[5]. Au moins à l'origine, l'antiaméricanisme est donc en toute logique de droite.

A l'époque même où écrit Tocqueville, Bonald, chef de file des ultra-conservateurs, dénonce dans la construction des États-Unis « un produit de l'abstraction où la nature n'est pour rien ». En écho, aujourd'hui, pour la « nouvelle droite » et Alain de Benoist, « l'ennemi principal est l'Occident atlantico-américain », et, « s'il faut choisir entre deux périls, plutôt porter la casquette de l'Armée rouge que d'avoir à vivre en mangeant des hamburgers du côté de

5. *Cf. L'Idéologie française* de Bernard-Henri Lévy,

Brooklyn ». Mais où situer Georges Duhamel qui, en 1930, dans les *Scènes de la vie future*, oppose « les petits bistrots de chez nous où trois bougres bouffent le bœuf bourguignon et rigolent en sifflant du picolo » au cinéma américain, « divertissement d'ilotes », aux disques, « musique en boîtes de conserve », au jazz, « rythme monocorde des nègres », et même aux trop belles jambes des dames, « visiblement faites en série » ? Sans doute, du même côté que Jack Lang, ministre socialiste de la Culture, qui appelle en 1982 à la résistance contre « l'hégémonie d'une industrie qui nous prive de notre art de vivre ».

L'antiaméricanisme est au départ viscéralement culturel ; il est ensuite exploité et nourri pour des raisons de politique intérieure ou de stratégie internationale. Mais il traverse aussi bien les partis et peut-être même chacun d'entre nous, tant il est vrai, comme l'écrit Duhamel, que « chacun de nous, occidentaux, dénonce avec loyauté ce qu'il dénonce d'américain dans sa maison, dans son vêtement, dans son âme ».

Bref, nous sommes tous des Américains et nous en parlons tous la langue, au minimum quelques mots, comme un nouveau latin de l'ère moderne. Et si l'antiaméricanisme paraît plus ancré parmi les intellectuels que dans le peuple, on en trouvera moins la raison dans quelque conscience supérieure de la culture nationale que dans le peu d'influence dont jouissent les intellectuels aux États-Unis mêmes où leur pouvoir a été éliminé de longue date, dès le XIXe siècle, par une démocratie antiélitaire, relayée de notre temps par les medias de masse — presse, cinéma, télévision. L'antiaméricanisme, sous couvert de sauvegarder notre patrimoine, cherche aussi à protéger les privilèges socio-politiques et économiques de l'élite intellectuelle française.

En un temps où l'enracinement redevient à la mode,

il est manifeste que l'Amérique est un hymne permanent au déracinement et le hâvre de paix des déracinés. Ce qui conduit beaucoup d'Américains à identifier les États-Unis à une nouvelle terre promise, puisque nombre d'entre eux ont été chassés de leur pays d'origine.

Le voyage en Amérique reste donc initiatique et nécessairement compromettant. Si les États-Unis fascinent les jeunes du monde entier, c'est parce que ceux-ci y recherchent beaucoup plus que de l'exotisme, mais partent à la rencontre du seul peuple qui se soit inventé lui-même. Et qui, dans le même temps, invente notre propre avenir.

Ce livre est donc un voyage , mais qui laisse volontairement de côté l'immuable — monuments et paysages — pour ne découvrir que ce qui bouge ; hommes et idées. Et l'Amérique des années 80 bouge : on peut même parler d'un ébranlement général de la pensée et de l'être, d'une révolution. Mais une révolution conservatrice, une révolution de droite, voire même réactionnaire si l'on s'en tient aux critères européens. Un conservateur américain croit en Dieu, à la morale, au succès, à la patrie, et surtout à l'Amérique. Il est persuadé que le rêve américain marche toujours, pourvu que l'État ne freine pas la libre initiative, que la gauche renonce à faire le bonheur du peuple malgré lui, et que les Soviétiques restent chez eux.

Cette nouvelle droite américaine est au pouvoir avec Ronald Reagan depuis 1980. Mais la révolution conservatrice n'est pas seulement politique, elle est d'abord culturelle, morale, économique. Elle a commencé à dominer les débats idéologiques avant Reagan, en 1978 ; elle peut continuer à le faire sans, ou après, Reagan. Car il s'agit d'une croisade populaire sans chef évident : elle coïncide avec la crise économique, mais aussi avec les bouleversements qui affectent les techniques de l'information (câbles, satellite) et de la production (microprocesseurs).

Nous avons en effet découvert progressivement, au cours de ce voyage, que le nouveau discours conservateur, le recul de l'esprit contestataire, l'effondrement des politiques d'intervention étatique, étaient en relation immédiate avec l'irruption de ces technologies nouvelles. Mais nous nous garderons ici de toute interprétation péremptoire ou de toute prospective, sachant combien les États-Unis ont une capacité de retournement rapide qui périme les conclusions définitives des meilleurs auteurs. Ce qui suit n'est donc que le film d'une période datée, d'avril 1982 à février 1983 ; même si Ronald Reagan fut, comme chacun sait, un acteur de cinéma, il ne met en scène que des faits authentiques et de vrais personnages.

PREMIÈRE PARTIE

La gauche épuisée

2.

New-look conservateur contre radical chic

Ronald Reagan n'est pas descendu de son cheval pour entrer tout droit à la Maison-Blanche. L'ancien acteur d'Hollywood, comme le précise avec complaisance la presse française, n'a en fait atteint le sommet qu'au terme d'une longue carrière syndicale commencée dès les années 30, et de huit années de mandat comme gouverneur de Californie, un État grand comme la France. Mais l'ascension de l'homme et sa personne nous intéressent moins ici que ce qu'il incarne.

Comme la cavalerie américaine qu'il admire tant, Reagan est arrivé au bon moment sur la scène politique américaine, très précisément le 27 octobre 1964, dans un discours télévisé d'une demi-heure, de soutien au candidat d'extrême droite Barry Goldwater. Son discours, relu aujourd'hui, paraît un amalgame approximatif d'anticommunisme, de citations religieuses, de haine de l'État et d'exaltation passionnée de la liberté individuelle. Pourtant, ce fut l'événement décisif de la campagne de Goldwater : il rapporta un million de dollars de dons des téléspectateurs, signe qui ne trompe pas. Le syndrome vietnamien, la révolte des campus, l'inflation à deux chiffres et le scandale de Watergate étaient encore à venir, mais les classes moyennes, en 1964, sentaient déjà qu'il y avait quelque chose de pourri dans le rêve américain. Dès lors, Reagan ne cessera d'incarner cette perspective de restauration du rêve, le mythe de l'âge d'or servi par le talent de l'orateur.

Il est difficile de donner à imaginer ou de traduire le côté « brave » de Reagan, son art d'apporter des réponses élémentaires et plausibles aux questions les plus complexes, son vocabulaire imagé, sa langue simple, savoureuse et bien cadencée : Reagan est d'abord le Grand Communicateur au service d'une vision de l'Amérique, le seul politicien dont l'homme de la rue comprenne chaque discours.

Ronald Reagan serait, à s'en tenir aux attaques de la gauche américaine, le plus idéologue de tous les présidents américains. Aux États-Unis, ce n'est pas un compliment. Paradoxe, donc, d'un politicien sans formation ni passé intellectuels, d'un homme simple et sans manières, en même temps porteur et incarnation d'un système de pensée qui dépasse de loin sa personne. Le fait est que sa victoire, en 1980, témoigna de la cristallisation de courants d'opinion jusque-là dispersés. Toutes les composantes de la droite américaine, pour la première fois dans l'histoire des États-Unis, se réunissaient autour d'un candidat unique. Ces courants que nous qualifierons provisoirement de conservateurs avant de les analyser en détail, sont aujourd'hui dominants non seulement à droite, au sein du Parti républicain, mais le deviennent également à l'intérieur de la gauche où le Parti démocrate rejette ses dirigeants les plus « libéraux », comme Edward Kennedy.

« Être conservateur c'est être à la mode », « la gauche américaine est intellectuellement aujourd'hui en faillite ». Banqueroute libérale et dynamisme conservateur, tel est le point de départ de notre voyage. Je restitue les expressions citées à leur auteur, Theodore Lowi, politologue américain, lui-même libéral[1], autrement dit de gauche.

La scène se passe au printemps 1982, au matin, dans un café d'Ithaca, petite ville du nord de l'État de New York qui abrite l'université Cornell, l'une des plus importantes des Etats-Unis. Il est 8 h 30, Ted Lowi est en survêtement, c'est l'instant de son jogging quotidien. A cette heure, le Tout-Cornell court déjà. Le jogging est ici un signe culturel plus encore que sportif, et politiquement « de gauche ».

De récentes études médicales américaines ont d'ailleurs démontré que la course à pied provoquait, au bout de quelques kilomètres, un afflux d'endomorphine dans le sang et une exaltation voisine de celle que procurent les drogues douces. Si cette analyse est exacte, le jogging a pris sur le campus de Cornell le relais du joint.

Mais, avant d'aller plus loin, entendons-nous sur le sens de certains mots. Il est en effet difficile de transcrire le vocabulaire politique américain dans son équivalent français.

Faisons d'abord la part des stéréotypes. Il est de tradition, en France, de considérer que le conflit droite-gauche ne s'applique pas aux États-Unis. C'est une erreur. Certes, l'histoire américaine n'a pas connu de ruptures révolutionnaires aussi évidentes que chez nous, et l'éventail politique n'y est pas organisé autour de quelques événements repères et séparateurs. Pour compliquer le jeu, les deux grands partis américains, Républicains et Démocrates, ne reflètent pas exacte-

1. Désormais, nous utiliserons toujours le terme *libéral* dans son acception américaine, et non pas dans son sens français.

ment l'opposition droite/gauche, notamment parce que le parti Démocrate repose sur une coalition d'intérêts particuliers forgée par Franklin Roosevelt entre pauvres et Noirs du Sud, syndicats ouvriers (pas forcément de gauche), intellectuels du Nord-Est et minorités ethniques.

Malgré tout, sur l'essentiel, les Américains se partagent, comme partout, entre sensibilités de droite et de gauche, avec, à l'intérieur de chaque camp, une certaine variété d'attitudes allant des extrêmes au centre.

Les deux grands partis, qui sont plus des machines électorales que des ensembles idéologiques, coïncident à peu près avec la confrontation droite/gauche. S'y ajoutent, sur les franges, une multitude de petits partis libertaires, d'extrême droite, socialistes, communistes, populistes, dont le poids électoral est quasi nul mais dont la fonction doctrinale peut, selon les circonstances, s'avérer considérable.

Ce système de partis ressemble néanmoins fort peu au nôtre. Ainsi, le maire de New York, Edward Koch, a-t-il obtenu à la fois l'investiture des Démocrates et des Républicains pour les élections municipales, puis celle des seuls Démocrates pour se présenter au poste de gouverneur de l'État de New York ; les électeurs, au cours de l'élection primaire qui, à l'intérieur des partis, est destinée à confirmer cette investiture, écartèrent Koch au profit d'un outsider, Mario Cuomo... L'événement résume à lui seul tout le système : caractère peu idéologique et peu tranché des deux partis, crise du bipartisme, autonomie des électeurs vis-à-vis de ces partis, montée en puissance des candidats indépendants, priorité accordée par l'opinion publique au choix des personnes et au mouvement de pensée qu'elles incarnent, indépendamment du groupe dont elles se recommandent.

Ce dernier point est fondamental. Les politiciens américains s'expriment rarement en termes idéologiques, mais proposent plutôt une collection de réponses pratiques à des questions pratiques. L'idéologie politique est ici pragmatique ou, plus précisément, programmatique, surtout à gauche.

Nous allons donc préciser plus avant ces questions de vocabulaire, sans nous arrêter à l'alternative Républicain-Démocrate qui ne permet ni de résumer ni de comprendre la vie politique et intellectuelle américaine. Plus proche de la réalité, est l'opposition entre familles de pensée *conservatrices* et *libérales*; c'est sans doute la distinction principale, pas facile à traduire non plus.

Un libéral américain n'est pas un libéral français, c'est même le contraire. Par analogie, c'est un social-démocrate sans base arrière idéologique. Un libéral américain est un homme de gauche qui n'aurait jamais entendu parler de Marx, pour qui Lénine est un épouvantail et qui n'aurait nul besoin de se définir par ses complexes envers le communisme.

Un libéral américain est avant tout et paradoxalement un étatiste. Persuadé que le bonheur de l'homme peut être amélioré dans une société en progrès constant, il fait confiance au gouvernement central pour y parvenir.

La philosophie politique libérale est empirique et mécaniste. L'État est perçu comme une somme de techniques économiques et sociales dont l'emprise doit déboucher sur des résultats quantifiables.

Le principal instrument de ce libéralisme est le bon usage de l'inégalité pour rétablir l'égalité. Par exemple, des quotas raciaux obligatoires dans les écoles ou les entreprises, indépendamment de l'aptitude des individus à lutter contre la ségrégation. C'est ce que les libéraux appellent l' « *affirmative action* », et que les conservateurs définissent et dénoncent comme une ingénierie sociale *(social engineering)*. Si le terme est devenu péjoratif, il ne le fut pas à l'origine. Au contraire, en s'identifiant à l'ingénieur qui résout les problèmes et triomphe de la nature, les libéraux s'appropriaient un mythe positif. L'ingénieur, héros d'une nation pragmatique, est aussi celui qui s'oppose aux puissances d'argent et vainc les préjugés. C'est un bâtisseur sans idéologie. Cette méthode a d'ailleurs beaucoup inspiré le socialisme français qui, depuis dix ans, s'est éloigné du marxisme pour se rapprocher du réformisme actif des libéraux. Quand Chevènement stigmatise la « gauche américaine » de Michel Rocard, c'est plus qu'un slogan, c'est une analyse pénétrante.

Cette version moderne du « libéralisme » américain a été introduite par Franklin Roosevelt, en 1933, avec la planification économique, une politique de grands travaux, des nationalisations. Le programme de Roosevelt fut d'ailleurs largement repris de Norman Thomas, candidat socialiste à la présidence, pour la première fois en 1928.

Le *New Deal*[2] reste le point de départ et le modèle historique des libéraux. Généralement interprété comme une réussite de ce côté-ci de l'Atlantique, le New Deal, aux États-Unis, est l'objet de violentes controverses. Les conservateurs notent que ses effets économiques, en particulier sur le chômage, furent nuls

2. La « Nouvelle Donne » est le nom dont Roosevelt baptise son programme politique à partir de 1934. Destiné à sortir les États-Unis de la crise et du chômage, il s'appuie sur les théories économiques de Keynes qui préconise une intervention massive de l'État sur le marché de l'emploi et le déficit budgétaire pour relancer la consommation, deux moyens tabous pour le libéralisme traditionnel américain. Les initiatives les plus « socialistes » de Roosevelt seront en fait annulées par la Cour suprême, qui les jugera inconstitutionnelles.

et que la reprise économique ne commença qu'en 1938, au moment où les usines américaines se lancèrent dans la production d'armements. Ils y dénoncent en outre des relents de fascisme italien qui, il est vrai, dans les années 30, paraissait à beaucoup d'intellectuels de gauche, aux États-Unis comme d'ailleurs en France, une solution intermédiaire et sans risques entre le national-socialisme et le stalinisme.

Le programme *libéral,* tel qu'il est passé dans les faits depuis quarante ans, est sans équivoque : un État central fort et interventionniste, un contrôle administratif détaillé des activités économiques (la *régulation*), une justice progressiste, l'égalité raciale, la libération des mœurs, la laïcité de l'enseignement public, la redistribution des richesses par l'impôt progressif et par la Sécurité sociale[3]. C'est-à-dire très exactement un projet social-démocrate. Seul, le mot « socialisme » est évité parce qu'il implique dans le contexte américain une relation avec le système soviétique[4].

John Kennedy, Lyndon Johnson, Jimmy Carter, démocrates, mais aussi Richard Nixon, républicain, se sont inscrits dans la même tradition rooseveltienne de croissance ininterrompue du pouvoir étatique et de l'ingénierie sociale.

Le plus systématique fut Johnson dont le projet de « Grande Société[5] », en 1964, fut une succession serrée

3. La Sécurité sociale américaine réside pour l'essentiel dans un régime de pensions de retraite.

4. Un syndicaliste qui me faisait visiter les usines Ford à Detroit fut très étonné d'apprendre la différence entre socialistes et communistes en France. Il était persuadé que c'était la même chose.

5. L'expression « Grande Société » *(Great Society),* lancée par Johnson, regroupe un ensemble de mesures législatives visant à éliminer la pauvreté, l'inégalité et la ségrégation raciale aux États-Unis. C'est en fait la reprise de toutes les idées de John Kennedy, que celui-ci n'avait eu ni le temps ni l'habileté de faire accepter par le

de réponses administratives à l'ensemble des difficultés sociales de l'époque, en particulier les inégalités raciales, la pauvreté, la cancérisation des centres urbains.

Ce grand jeu de meccano social fut complété par les jugements de la Cour suprême qui, par une interprétation extensive de la Constitution, engagea les États-Unis, à partir de 1954, dans une véritable révolution légale. Des mesures aussi fondamentales que l'autorisation de l'avortement en 1973, la suppression des prières obligatoires dans les écoles publiques en 1962, et surtout la déségrégation raciale dans l'enseignement et l'emploi, ne furent jamais décidées ni par le gouvernement, ni par le Parlement, mais par les neuf juges inamovibles de la Cour suprême[6].

La Cour suprême a en fait créé ce que Theodore Lowi appelle la « Dcuxième République », en inversant la hiérarchie entre les États et l'Union, en annulant systématiquement les décisions plutôt conservatrices des cinquante États au nom de la Constitution de l'Union, tout en ne remettant jamais en cause les décisions progressistes du gouvernement central. Dès lors, la pyra-

Parlement. Ce programme législatif renforçait considérablement les interventions de l'État dans la société américaine.

6. Créée par la Constitution des États-Unis, la Cour suprême, composée de neuf juges nommés à vie par le Président, est supposée assurer l'équilibre entre le pouvoir exécutif et le législatif (Congrès et Sénat). Elle garantit la protection des citoyens contre le pouvoir politique et la liberté des cinquante États contre les empiétements de Washington. Ses décisions sont sans appel, sauf par amendement à la Constitution. Son rôle a considérablement évolué depuis vingt-cinq ans. En interprétant de manière extensive la Constitution, en particulier au nom des droits de l'individu, elle a acquis un pouvoir législatif de fait, sans aucun contrôle politique. Ses décisions libérales sont vivement critiquées par la droite qui dénonce ce gouvernement des juges.

mide fédérale américaine s'est trouvée sens dessus dessous.

A partir de Roosevelt, le *chic* est à gauche aux États-Unis. Il y reste sans interruption de 1933 à 1980. Pendant plus de quarante ans, c'est la gauche qui a donné le ton, le bon ton des modes, des idées, des solutions politiques et économiques. Ses porte-parole ont dominé la vie intellectuelle, les médias, l'enseignement, la justice, le débat politique. L'alternance au pouvoir des Républicains conservateurs et des Démocrates progressistes n'y a rien changé : la gauche est restée l'*Establishment*, même dans l'opposition. Quand Eisenhower ou Nixon occupent la Maison-Blanche, c'est encore à la gauche qu'ils doivent publiquement rendre des comptes. Lors de la chasse aux sorcières du Maccarthysme, sur le Vietnam ou le Watergate, les initiatives des dirigeants de droite sont toujours jugées selon les critères de la gauche. C'est la gauche qui commence la guerre au Vietnam avec John Kennedy, mais c'est encore la gauche qui en exigera et en obtiendra l'interruption par un Président de droite, Nixon.

Depuis 1978, ce modèle est contesté, dépassé. Le discours libéral se répète sans innover. Le personnel politique de gauche — Carter, Kennedy — est déconsidéré. Le *radical chic* des snobs de la côte Est est démodé. Pour la première fois depuis 1932, la gauche américaine n'a tout simplement plus de programme. Ses réactions à l'agressivité conservatrice se bornent à en dénoncer les effets pervers et à se remémorer l'héritage historique de la Grande Société. Rien dans l'immédiat ne permet d'entrevoir de ce côté-ci une esquisse de reconstruction idéologique ou simplement programmatique.

Bref, la gauche américaine est épuisée. La crise est peut-être l'explication sinon unique, du moins essentielle pour dater ce retournement. Le terme même n'apparaît d'ailleurs aux États-Unis que cinq ans après l'Europe. Mais, à partir de 1978, le mot explose et cristallise le désarroi international (l'Iran), économique et moral du pays, tandis que les libéraux perdent l'imagination puis le pouvoir, en 1980.

Il y a une certaine logique dans cette éviction. Le socialisme régulateur et redistributeur est supportable et supporté tant que la prospérité en absorbe les inconvénients. Il devient insupportable quand la richesse à répartir stagne ou se restreint. Dans un jeu à somme nulle, voire négative, chacun reprend alors ses cartes, persuadé qu'il s'en sortira mieux seul que son voisin. Mais cette interprétation matérialiste n'est pas suffisante. Plus profondément, la gauche, qui s'est identifiée à une approche mécaniste de la société, n'apporte pas de réponse aux préoccupations morales qui hantent la vie politique américaine. Ainsi sur l'avortement, facteur électoral décisif, désormais : les libéraux ont adopté avec la Cour suprême une attitude pragmatique — permis les trois premiers mois, interdit après — qui ne satisfait ni les adversaires ni les partisans de la liberté de choix. La force des conservateurs, au contraire, est d'avoir su intégrer dans un même raisonnement la morale, le social et l'économique.

Enfin, la construction progressiste de la gauche américaine s'est effondrée de l'intérieur. Sa démoralisation vient de ce qu'elle doute désormais de ses méthodes comme de ses objectifs. Sous couvert de servir l'intérêt général, les libéraux découvrent que leur idéologie était au service d'intérêts particuliers d'un groupe social : les élites bureaucratiques, la Nouvelle Classe selon Irving Kristol, l'un des maîtres à penser du nouveau conservatisme.

L'activité commune à tous les membres de cette Nouvelle Classe consiste à gérer les mots, les symboles, les idées. Elle inclut les intellectuels, les enseignants, les chercheurs et les semi-intellectuels que sont les poètes, les journalistes, les fonctionnaires, les juges[7], les travailleurs sociaux, et tous ceux qui traitent de la communication. Ce sont eux qui fixent les enjeux de la société, définissent les normes, évaluent et imposent les solutions politiques. Il s'agit bien d'une classe, car ses membres partagent les mêmes valeurs, les mêmes buts, et vivent de la même manière, essentiellement par la production, l'assemblage, la mise en forme et la diffusion de l'information. Par information, on entend ici aussi bien le Journal télévisé qu'un feuilleton. Les mots sont à la Nouvelle Classe ce que le capital est au capitalisme ou les travailleurs au syndicalisme. Cette classe est nouvelle, parce que sans précédent en influence et en nombre, en raison du développement de l'enseignement, de la communication et de l'étatisation. La philosophie commune à cette Nouvelle Classe est la contre-culture : hostilité au capitalisme, méfiance vis-à-vis de la croissance, mépris des valeurs des classes moyennes que sont le labeur, la discipline, la morale, la discrétion, l'épargne, la propriété, et anticléricalisme (« fanatisme séculaire », dit Gilder).

Cette Nouvelle Classe[8] est parasitaire parce qu'elle

7. Les conservateurs sont hostiles aux juges fédéraux nommés par le gouvernement central, et non pas aux juges d'États généralement élus par leurs concitoyens et donc plus proches de leurs préoccupations. La magistrature fédérale, dont la carrière remonte aux administrations précédentes, partage dans l'ensemble les orientations libérales, surtout lorsqu'il s'agit de défendre les droits civils contre le pouvoir des États. Un mouvement populaire se développe à droite pour « rappeler » ces juges de gauche.

8. La thèse de Gilder est exactement l'inverse de celle de Kenneth Galbraith, économiste libéral plus populaire en France qu'aux États-Unis et qui, dans *Le Nouvel État industriel,* estime que l'élite au pouvoir est la technocratie dirigeante des grandes entreprises multinationales. C'est cette technocratie, selon Galbraith, qu'il faut sinon

profite de la prospérité du capitalisme sans y participer, qu'elle est très favorable à la redistribution de richesses qu'elle n'a pas contribué à créer et dont elle ne comprend même pas comment elles sont produites. Elle est totalement acquise au libéralisme, ou plutôt *le libéralisme est l'idéologie par laquelle la Nouvelle Classe perpétue son pouvoir et ses privilèges.*

Il revient à un libéral de démontrer l'exactitude de l'analyse de George Gilder. Aux antipodes de Cornell, à l'Université Rice de Houston (Texas), le doyen Allen Matusow, historien distingué, fines lunettes, pull en cachemire usé aux coudes juste ce qu'il faut, appartient avec Ted Lowi à la race en expansion des libéraux désabusés. Fils d'une bonne famille juive de Philadelphie, il a naturellement soutenu Kennedy, puis protesté contre la guerre du Vietnam. Mieux encore, il a entrepris à partir de 1975 une étude sur toute la construction sociale — la « Grande Société » — des Démocrates, à partir des archives de la Maison-Blanche aisément accessibles aux chercheurs. Au terme de cette longue aventure (ou plutôt mésaventure) intellectuelle qui devait déboucher sur la publication en 1983 de *The Unravelling of America* (L'Amérique mise à nue), il démontre, preuves à l'appui, que chaque programme social des libéraux était destiné soit à récompenser un groupe de pression, une clientèle particulière, soit à aboutir involontairement et de toute manière à ce même résultat.

Ainsi le programme scolaire de John Kennedy — aide massive à la construction d'écoles et au recrutement d'enseignants — n'aurait été justifié que par le

éliminer, du moins équilibrer par les contrepoids des syndicats, des associations de consommateurs, de l'État : trois forces de gauche... Galbraith est aussi un des rares intellectuels libéraux américains à accepter de se déclarer socialiste.

désir de récompenser et de flatter un groupe social particulièrement influent, alors même que les projections démographiques montraient clairement que le nombre d'élèves allait diminuer. C'est ce que les conservateurs disaient déjà à l'époque et que l'on devait bientôt vérifier : 10 000 classes ont dû être fermées au cours de ces cinq dernières années.

D'autres programmes n'ont pas été conçus et financés spécialement pour satisfaire des groupes d'intérêt, mais ont dû être négociés avec eux. Ainsi, la gratuité des soins destinés aux plus modestes (*Medicaid* et *Medicare,* qui couvrent 47 millions de personnes, dont 99 % de celles qui ont plus de 65 ans) n'a-t-elle pu être votée qu'à condition d'inscrire dans la loi que médecins et hôpitaux privés en seraient les gestionnaires, donc les bénéficiaires. Le résultat a été de perpétuer une médecine des pauvres de qualité inférieure à la moyenne, mais rémunératrice pour le corps médical, alors qu'elle était auparavant déjà médiocre, mais gratuite et charitable.

La loi sur l'habitat social qui, en 1966, a créé les aides au logement, a eu des effets comparables en bénéficiant aux promoteurs et aux constructeurs et en perpétuant un habitat très médiocre dans des quartiers déshérités où prospère une sous-culture de la pauvreté.

Autre idée apparemment généreuse : le salaire minimum garanti. Les notes de Johnson indiquent clairement que cette mesure fit l'objet d'un débat entre les industries du Sud — dont le Président était originaire —, hostiles à l'instauration de SMIC qui ralentirait l'industrialisation du Texas et de la Californie, et les syndicats qui précisément voulaient freiner celle-ci. Les syndicats sont en effet concentrés dans le Nord-Est et n'ont jamais réussi à s'implanter au Sud. Le salaire minimum protégeait apparemment les ouvriers, mais plus encore l'hégémonie de l'AFL-CIO et l'Union des travailleurs de l'automobile (UAW) de Detroit. Johnson arbitra en faveur des syndicats dont le soutien était alors la clé de voûte du pouvoir politique du parti démocrate.

Plus récemment, la création par Jimmy Carter d'un Ministère fédéral de l'Éducation — qui n'existait pas jusque-là, l'enseignement étant l'affaire des États et n'étant pas unifié — n'aurait pas été justifiée par des préoccupations pédagogiques, mais par sa reconnaissance envers l'Association pour l'Éducation nationale, comité qui avait particulièrement contribué à financer sa campagne présidentielle de 1976.

Reagan s'est engagé à supprimer ce ministère pour des raisons tout aussi évidentes.

La politique keynésienne libérale est, selon Allen Matusow, l'illustration la plus globale du clientélisme de la gauche américaine, sous couvert d'efficacité économique et de générosité sociale. Les réductions d'impôts de 1964, le crédit à tout-va, le déficit budgétaire, ne satisfont pas un groupe d'intérêts particulier, mais tous les groupes à la fois. Tous croyaient y trouver un avantage immédiat et en bénéficièrent dans le court terme. Mais cette euphorie artificielle fut rapidement confisquée par l'inflation qui ramena tout le monde à la case départ.

La thèse du libéral Allen Matusow rejoint donc celle des conservateurs : les premiers bénéficiaires des programmes sociaux de la gauche américaine, de l'ingénierie sociale, auront été les bureaucrates (dix millions de fonctionnaires) et la classe politique chargée de gérer la Grande Société. Le seul point qu'il approuve sans réserve est la politique des droits civils en faveur des Noirs. Il faut se souvenir qu'il n'y a pas vingt ans, ceux-ci étaient encore des citoyens de seconde zone, qu'à la Nouvelle-Orléans, dans un tramway nommé Desire (du nom d'un faubourg de la ville), seuls les bancs du fond leur étaient destinés, que les écoles et restaurants blancs de l'Alabama leur étaient interdits et que le lynchage n'avait pas disparu. La gauche américaine a fait des Noirs des citoyens, même si la lutte pour les droits civils a été pour beaucoup l'œuvre des Noirs eux-mêmes. Cette révolution politique, sans doute l'une des plus profondes de l'histoire américaine, s'est accomplie en dix ans et a été pour l'essentiel une révolution légale et tranquille.

Mais voici que les vertus de la gauche au service des plus faibles sont à leur tour contestées. Le libéralisme, sous couvert de protéger les Noirs, n'a-t-il pas institué un esclavage d'État, une dépendance envers les programmes sociaux, une véritable sous-culture de la pauvreté ? Pour Andrew Young, compagnon de route de Martin Luther King, aujourd'hui maire d'Atlanta, mieux valait la dépendance que la famine. Mais cette réponse qui justifie le passé ne rend pas compte du présent.

Pourquoi, se demande Allen Matusow, 40 % des jeunes Noirs sont-ils au chômage alors que, chaque année, un million d'immigrants asiatiques, hispaniques ou caraïbes s'intègrent sans difficulté majeure dans le circuit écononique ? La thèse des conservateurs, mais aussi des démocrates comme Griffin Bell, ancien ministre de la Justice sous Carter, est que l'assistance sociale a enfermé les Noirs dans des « réserves indiennes » — l'expression est de Bell — dont ils sont certes libres de sortir, mais que l'apport financier des programmes d'aide sociale incite à ne pas quitter.

En fait, et bien que chacun s'en défende, les Noirs restent au centre du débat politique américain. Non plus en tant que Noirs, mais en tant que pauvres. Les

États-Unis sont peuplés de deux cent trente millions d'Américains appartenant à la classe moyenne et de trente millions de pauvres, pas tous noirs, loin s'en faut, mais souvent de couleur[9].

La politique libérale est pour l'essentiel une aide directe aux pauvres ; celle des conservateurs vise à réduire cette aide, accusée de perpétuer la pauvreté.

Mais le débat entre droite et gauche est en vérité moins technique que moral. Leurs divergences politiques reposent sur deux systèmes de valeurs inconciliables. Les libéraux sont des humanistes laïcs qui privilégient l'égalité et font confiance à l'État pour assurer la régulation sociale. Les conservateurs sont des moralistes judéo-chrétiens qui n'admettent pas que les méthodes d'intégration sociale des libéraux puissent limiter les libertés individuelles, même si ces libertés sont source d'inégalités. Contrairement à Tocqueville qui estimait que les peuples démocratiques aspirent à l'égalité dans la liberté mais la voudraient encore dans l'esclavage, les conservateurs considèrent que l'inégalité est naturelle et voulue par Dieu.

La révolution conservatrice en cours, non pas achevée mais plutôt à ses débuts, est donc avant tout une révolution de l'éthique sociale.

Les résultats des élections en donnent moins la mesure qu'une analyse sémantique du discours politique de *tous* les candidats, démocrates ou républicains, dont le vocabulaire s'imprègne d'autant mieux des

9. Les pauvres sont définis légalement par un seuil de revenus qui ouvre droit aux programmes d'assistance : bons d'alimentation *(food stamps)*, logements sociaux, formation particulière, gratuité des soins médicaux. En 1983, ce seuil est de 9 300 $ pour une famille de quatre personnes en ville, 7 910 $ à la campagne, 4 680 $ pour une personne seule. 30 % des familles noires vivent au-dessous de ce niveau, contre 8,8 % des familles blanches.

concepts conservateurs que la rhétorique libérale ne fonctionne plus[10].

La classe politique dans son ensemble paraît d'ailleurs en retard sur cette révolution conservatrice d'origine populaire et non partisane. Le mouvement conservateur n'est pas un parti, c'est un état d'esprit diffus, relayé par des intellectuels, des sectes religieuses, des associations de citoyens. C'est dans un second temps que les politiciens tentent de s'approprier les grandes batailles conservatrices autour de la réduction des impôts, du rétablissement des prières dans les écoles publiques, de l'interdiction de l'avortement, des quotas raciaux, de l'épuration des livres scolaires. Le seul énoncé de ces enjeux situe clairement la dynamique conservatrice qui fusionne morale, culture, économie et politique.

Cette confusion des genres rend difficile, voire impossible, l'organisation d'un parti conservateur structuré. Elle rend de moins en moins représentative de la réalité politique la division Républicains-Démocrates. Le conservatisme n'est ni un parti, ni même une coalition, mais une effervescence de revendications éparpillées et spécialisées.

La personnalité de Reagan est parvenue à assurer l'amalgame de ces populismes avec le conservatisme traditionnel du parti républicain, alors qu'en règle générale, le candidat républicain avait toujours un chal-

10. Les élections de novembre 1982 ont bien montré l'échec du discours libéral. Alors que chacun — en Europe surtout — s'attendait à un raz de marée du parti démocrate, ce ne fut qu'une petite vague, logique au milieu du mandat présidentiel et au pire de la récession économique. Les analyses d'opinion de l'institut de sondage de Steven Teichler ont montré comment les intentions de vote en faveur de la gauche se sont effritées à l'approche des élections, quand il apparut que les libéraux n'avaient pas de programme de rechange à opposer au reaganisme.

lenger populiste sur sa droite. La crainte des conservateurs est que, sans Reagan, cette coalition ne vienne à se disperser. Deux stratégies visent à la consolider : soit en créant un nouveau parti populiste — c'est le projet de Kevin Philips —, soit en intégrant au parti républicain les mouvements populistes, ce que tente de faire Jack Kemp, député de Buffalo.

Mais ces mouvements populistes ne se reconnaissent pas obligatoirement dans le Parti républicain que beaucoup considèrent comme le parti de Wall Street, de la banque et des grandes entreprises. Il est donc douteux que le Parti républicain parvienne à devenir, pour la droite, une organisation aussi cohérente que l'est le Parti démocrate pour la gauche. Par ailleurs, le projet d'un tiers parti paraît hasardeux ; les associations qui le composeraient craindraient trop d'y perdre leur âme. La force et la fragilité du conservatisme américain restent donc sa dispersion. En revanche, on peut émettre l'hypothèse d'un progrès du conservatisme dans les deux partis à la fois. Le retrait de Kennedy de la course à la présidence et la montée de John Glenn, l'ancien astronaute devenu sénateur de l'Ohio, comme candidat démocrate à la Maison-Blanche, illustrent bien ce progrès général du conservatisme. L'élection présidentielle de 1984 pourra fort bien opposer deux candidats conservateurs, l'un et l'autre acquis à la morale, à la religion, à la libre entreprise, à une Défense nationale forte et au retour des valeurs traditionnelles de l'Amérique.

Ce nouveau discours politique commun n'est pas fortuit : il reflète l'évolution des États-Unis vers une véritable balkanisation sociale et idéologique. Il semble bien que les Américains ne veulent plus partager l'idéal libéral d'une nation intégrée et égalitaire ; qu'au contraire, chacun choisit désormais de s'ancrer dans ses origines raciales, régionales, dans ses convictions morales et religieuses. Dans une société ainsi éclatée, les idéologies progressistes, qui jouent sur l'égalitarisme et sur les masses, sont nécessairement supplantées par l'exaltation conservatrice des valeurs traditionnelles et des droits de l'individu.

3.

La fin des contestataires

Où sont passés les hippies, les Panthères noires, les Weathermen, les radicaux [1], les apôtres de la drogue, de la libération sexuelle, de la non-violence, de la cuisine végétarienne ou de la méditation transcendentale, les propagateurs de cette contre-culture qui aura tellement marqué les années 60 et 70 aux États-Unis et dans le monde entier ? Que sont devenus les pieds-nus, les chevelus, les provocateurs et les contestataires qui nous annonçaient l'aube d'une ère nouvelle, le Regain américain, d'après le célèbre livre de Charles Reich en 1970, la « révolution mondiale » selon Jean-François Revel ?

Ils ont en tout cas déserté les campus universitaires qui les avaient vu naître et prospérer.

A Berkeley, entre la baie de San Francisco et les collines de Californie, il faut beaucoup d'imagination pour se rappeler qu'ici, autour du faux campanile Renaissance et des frontons à l'antique, apparut, dès 1965, la première révolte étudiante, au nom de la liberté de parole d'abord, rapidement relayée par la libération

1. Le radicalisme américain correspond à notre extrême gauche. Un radical français serait aux États-Unis « libéral », et encore !

sexuelle, puis par la paix au Vietnam, le soutien à Cuba et à toutes les révolutions tiers-mondistes, jusqu'à épuisement du discours et des enthousiasmes, en 1971. De Berkeley, la révolte gagna la côte Est des États-Unis en 1966, l'Europe en 1968. Dire qu'il n'en reste rien serait hâtif et superficiel. Certes, on ne voit plus à Berkeley aucune inscription, aucune banderole, pas même des slogans à la bombe sur les murs. Mais certains acquis de la révolte sont définitifs et intégrés par tous : libération des mœurs, du langage, du vêtement, franchise des relations avec le monde adulte et le corps enseignant. Pour le reste, l'obsession des études, la compétition dans l'accès aux écoles qui paraissent garantir les débouchés professionnels les plus sûrs, ont totalement évincé la mobilisation idéologique. Les étudiants sont devenus sceptiques, voire cyniques. C'est la génération du moi, *the me generation.* Elle n'a pas de héros, surtout pas en politique. Ni les morts : Mao, Guevara, Hô Chi Minh, ni les vivants : Castro, n'ont résisté à ce décapage historique. La gauche idéologique y a perdu toute référence internationale, voire nationale. Franklin Roosevelt est à son tour dénoncé dans plusieurs études récentes comme un adepte des écoutes téléphoniques et un mari volage. Seuls, quelques sportifs ont résisté à la vague de scepticisme et les derniers posters sont ceux de footballeurs dont certains, comme Jack Kemp, réussissent ensuite de brillantes carrières politiques.

Cette normalisation des campus est un soulagement pour les enseignants. Le professeur Scalapino, directeur du département Asie à Berkeley, estime avoir souffert dans les années 60 — à la déportation près —, ce que les intellectuels chinois ont dû supporter pendant la révolution culturelle : violentes attaques personnelles des étudiants et d'agitateurs professionnels, interruption de ses cours, accusation de fascisme, déferlement de haine. A tout prendre, l'hystérie anticommuniste des années 50, conduite par le sénateur Joseph McCarthy, lui paraît bénigne, comparée à l'hystérie gauchiste des années 60. Pour Scalapino, il y avait, à l'époque, quelques indices d'une alliance entre certains intellectuels américains et les communistes, mais, pendant la guerre du Vietnam, il était rigoureusement impossible de tenir un discours raisonné. Le mouvement pour la paix au Vietnam, quelles que fussent ses justifications stratégiques et morales, était fondamentalement passionnel et religieux ; les églises y prirent d'ailleurs une part active. Scalapino avait alors le tort de bien connaître l'Asie, d'expliquer que les nationalistes vietnamiens n'étaient pas tous communistes, que le Viêt-cong n'était pas indépendant du Nord-Vietnam et que le Front national du Sud serait balayé par le parti communiste au lendemain même de la victoire de Hanoï. Ce qui advint.

Pour les étudiants de Scalapino, les temps ont changé. La guerre du Vietnam appartient maintenant à l'histoire et ils acceptent de reconnaître que l'affaire était pour le moins complexe. Je les ai entendus débattre, sans passion excessive, de la vietnamisation trop tardive du conflit, de l'efficacité douteuse de l'armée américaine, de l'opportunité ou non de bombarder Haiphong, de l'invasion du Cambodge...

La presse américaine, pour simplifier, fait de Scalapino le chef d'un mouvement révisionniste sur la guerre du Vietnam, auquel participerait également le général Westmoreland, ancien commandant des troupes américaines à Saïgon. La vérité est qu'il n'y a pas — ou pas encore — de mouvement organisé dans ce sens, et que Scalapino n'a de sa vie rencontré Westmoreland. Scalapino est un intellectuel isolé et méditatif. Entouré d'images de bouddhas chinois et de moines japonais dans un bureau tranquille de Berkeley, il ne se voit pas en leader populiste. Sa contribution à l'histoire et au conservatisme consiste pour l'essentiel à publier des témoignages de Vietnamiens et de Khmers rescapés.

De leur côté, les anciens agitateurs étudiants sont passés à la politique traditionnelle. Tom Hayden, qui fut l'un des principaux instigateurs de la révolution des campus de Californie, est devenu député de l'État et a épousé Jane Fonda. L'un et l'autre m'ont paru parfaitement intégrés à l'*Establishment* de la côte Ouest et tiennent le discours *libéral* sans excès de la gauche américaine. Jane Fonda s'est notamment reconvertie dans l'éducation physique : ses livres, ses cassettes, ses clubs pour garder la forme par la gymnastique aérobic lui assurent une seconde carrière. Seule trace qu'elle garde de son radicalisme passé : le refus de condamner le régime vietnamien dans l'affaire des boat-people, « faute de preuves suffisantes » de sa responsabilité. C'est ce qui la distingue de ses anciens compagnons de route comme Joan Baez qui, sur ce sujet au moins, se sont rendus à l'évidence.

Julian Bond, étudiant noir du Tennessee qui fonda en 1960 le comité des Droits de l'homme à l'université d'Atlanta et organisa la violente révolte radicale de la Convention démocrate de 1968, où Mc Govern fut choisi comme candidat à la présidence contre Nixon, est aujourd'hui, à quarante-deux ans, sénateur de Georgie. Costume de flanelle rayé, cravate club, boutons de manchettes en or, Bond croit désormais à la Grande Société de Johnson, à l'interventionnisme de l'État, et il estime que l'Amérique a besoin d'un nouveau New Deal. D'autres ont basculé dans la religion, comme Eldridge Cleaver, devenu prédicateur évangéliste puis aujourd'hui mormon. Selon Andrew Young, tous les meneurs de 68 font désormais dans la politique, s'ils étaient sérieux dans le mysticisme religieux, s'ils ne l'étaient pas. C'est aussi le cas de certains chanteurs : Bob Dylan est devenu chrétien et a troqué la révolte pour les cantiques.

La « génération du moi » a remplacé la « génération du Dr. Spock ». C'est ainsi que la droite désignait, en 1968, toute la jeunesse contestataire. Cette contestation aurait été le résultat de l'éducation permissive préconisée par le livre de Spock, *Comment soigner et éduquer son enfant* [1], publié pour la première fois en 1946, traduit en 26 langues, diffusé à 30 millions d'exemplaires. L'ouvrage, qui a révolutionné l'éducation des jeunes enfants dans le monde occidental, fit autorité sans conteste jusqu'en 1968. Ce n'est qu'à partir de cette date que Spock devint la cible des conservateurs.

A soixante-dix-neuf ans, Benjamin Spock s'est aujourd'hui réfugié au plus profond de l'Arkansas, près de Rogers, à cent kilomètres de l'aéroport le plus proche, dans une moderne maison de béton, de bois et de verre, entre lacs et forêts. Pétillant de vie et d'intelligence, tout juste remarié avec Mary Morgan, originaire de cet État, je l'ai rencontré en train de jouer au train électrique avec une petite fille, se plaignant un peu d'être privé de sucre, de café, de thé et de sel par sa jeune femme, au nom d'il ne sait quelle morale diététique. Toujours maître à penser des mères de famille américaines, européennes et japonaises (son succès au Japon lui paraît incompréhensible), Spock révise sa 22e édition en compagnie d'un jeune assistant — pour le cas, précise-t-il, où il ne serait pas immortel.

Contrairement aux idées reçues, Spock approuve la

1. Le Livre de Poche.

contestation mais a toujours désapprouvé la permissivité excessive. Il constate que les accusations les plus sévères, les lettres d'insulte qu'il continue de recevoir, émanent de parents qui ne l'ont pas lu. Elles se répartissent en deux catégories : « Dieu merci, je n'ai pas lu votre livre et mon fils est bien élevé ! », ou : J'ai suivi vos conseils et maintenant mes enfants se droguent ! »

Spock se défend d'avoir jamais recommandé l'excès. Son œuvre, largement inspirée par Freud qu'il a popularisé aux États-Unis, aura consisté à modifier la perception traditionnelle que les parents avaient de leurs enfants. Ce ne sont pas, dit-il, des barbares que l'on doit éduquer par le châtiment, mais des êtres humains qu'il faut guider, surveiller et non pas intimider. C'est sans doute parce que le pendule est allé trop loin dans le sens d'une tyrannie des enfants eux-mêmes que Spock, dans ses éditions plus récentes, a voulu redonner confiance aux parents et les inviter, sinon à se montrer plus sévères, du moins à exercer leurs responsabilités et leur autorité. Dans un climat général de retour à la famille hiérarchique traditionnelle, les précisions de Spock ont naturellement été interprétées comme une révision, voire un reniement. En fait, Spock, bien lu, pas lu, mal lu, fait désormais partie du patrimoine collectif inconscient de tous les parents du monde qui ne nourrissent plus leurs bébés à heures fixes et savent que leurs rejetons ont une sexualité précoce.

Mais Spock lui-même est déçu de ce que sont devenus ses millions d'enfants. Il approuvait les révoltes étudiantes et la contestation ; il aimait cette jeunesse idéaliste qui rejetait les canons de la réussite et le culte de l'argent, même et surtout si ses valeurs étaient jugées non américaines par les conservateurs. Quinze ans après, il se désole du retour des étudiants d'alors à la morale la plus fondamentaliste, et du matérialisme de la nouvelle génération. Il est, par exemple, stupéfait de leur absence de réaction — sauf quelques cas très isolés — à l'obligation qui leur est faite, depuis 1980, de se faire recenser par les autorités militaires (seul le recensement est obligatoire, pas le service).

Au vrai, cette jeunesse n'est pas passée de l'idéalisme au matérialisme, mais du progressisme au conservatisme. Les universités de Harvard, Princeton, Dartmouth ont maintenant leur presse conservatrice éditée par des étudiants, ce qui eût été impensable il y a dix ans. Les raisons n'en sont pas évidentes. La crise économique est une explication un peu courte, d'autant que les diplômés n'ont pas de réelles difficultés à trouver un emploi. George Gilder propose une thèse plus personnelle et plus immédiate : la jeunesse des campus aurait été de gauche et pacifiste, en 1968, non par idéalisme, mais parce qu'elle ne voulait simplement pas se battre au Vietnam. Elle adopterait aujourd'hui une morale conservatrice par réaction contre les excès de la libération sexuelle. Le libéralisme politique s'étant identifié au féminisme, voire au lesbianisme, les jeunes gens préfèrent désormais se confronter à une image plus traditionnelle de la femme.

Autre facteur personnel : le racisme. Au nom du libéralisme, les universités sont obligées d'accueillir un quota minimum de minorités, noires en particulier, qui ne sont pas forcément au niveau de leurs condisciples. Ceci provoque une double hostilité : des Blancs contre les Noirs « privilégiés », et des Noirs contre les Blancs qui les obligent à participer à une compétition où ils partent défavorisés. Pour Gilder, la rencontre de ces séquelles directes des méthodes libérales aurait conduit les étudiants, par déduction, à rejeter le libéralisme dans sa totalité.

Les étudiants sont aussi passés du mépris du capitalisme à la redécouverte de la libre entreprise. Dès l'instant où la prospérité n'est plus un acquis, ils tentent de mieux comprendre et de maîtriser le système de production. Ils se détournent des enseignements théoriques pour entrer dans les écoles professionnelles. Signe de ces retrouvailles avec l'économie : le nombre considérable de créations d'entreprises nouvelles qui sont le fait de jeunes diplômés. A la génération de l'après-guerre qui a construit l'Amérique moderne, avait succédé une génération désabusée et contestataire, que remplace à son tour une nouvelle vague qui pourrait être celle des bâtisseurs de l'économie post-industrielle. Cette jeunesse qui désole Spock est très probablement la chance de l'Amérique où resurgit périodiquement une nouvelle race de pionniers et de défricheurs de l'avenir.

Benjamin Spock ne fait plus recette comme il y a quinze ans, lorsqu'il déchaînait les foules étudiantes par son discours pacifiste. Il était alors le gourou de la révolte des campus et le gouvernement des États-Unis, sous Nixon, le fit même inculper pour démoralisation devant l'ennemi. Il n'a cependant pas abandonné le combat et s'échappe le plus souvent possible de Rogers, pour tenter de secouer la « génération du moi ». Son nouveau cheval de bataille et thème de conférences est le « gel nucléaire », civil et militaire — le *nuclear freeze*.

Son espoir est que le *nuclear freeze* va contribuer à réveiller la contestation et l'idéalisme. C'est aussi l'espoir des chaînes de télévision et des journaux libéraux qui exagèrent l'ampleur de ce mouvement, faute de disposer d'une aussi belle affaire que la guerre du Vietnam.

A la suite d'initiatives populaires — émanant en général de groupes d'enseignants —, des pétitions réclamant le gel nucléaire ont été soumises à référendum dans onze États, avec le soutien public des évêques catholiques. Certains y voient déjà l'esquisse d'un vaste mouvement pacifiste qui, pour une fois, aurait franchi l'Atlantique d'Est en Ouest, à l'inverse de tous les courants d'idées des années 60. Ces référendums sont sans conséquence légale, et leur signification reste ambiguë. Curieusement, les étudiants ne participent pas à ce mouvement, les campus sont tranquilles ou indifférents. Les référendums ne se sont pratiquement accompagnés d'aucune démonstration bruyante. En fait, il semble que le « gel nucléaire » exprime surtout l'irritation des classes moyennes contre l'accroissement rapide et coûteux des dépenses militaires au détriment du budget social de la nation. Andrew Young, qui a soutenu le « gel » dans son État de Georgie, minore lui-même la portée de son geste et explique qu'il s'agit seulement d'inviter Washington à rechercher la conciliation plutôt que la confrontation avec l'Union soviétique. De son côté, invoquant des documents de la CIA, Reagan se déclare persuadé que les pacifistes sont les marionnettes conscientes ou inconscientes de Moscou en Amérique comme en Europe. Ces déclarations suscitent peu de réactions ou de protestations.

La contestation, révolution avortée, confirme *a contrario* l'extraordinaire stabilité de la société américaine. L'attachement populaire au contrat social des États-Unis a parfaitement résisté à la guerilla radicale, tout comme il a surmonté les affaires du Vietnam, du Watergate et d'Iran. Peu de démocraties occidentales peuvent témoigner d'une pareille fermeté. Les attaques contre le système que tentent périodiquement de relancer la gauche contestataire — Salvador, pacifisme — restent sans prise réelle. De plus, les méthodes en sont totalement périmées. Les défilés massifs qui ébranlèrent la Maison-Blanche du temps de Johnson et Nixon sont devenus un genre désuet auquel seule la gauche syndicale attache encore quelque valeur nostalgique. Nous verrons en revanche que les grandes mobilisations se font maintenant à droite, sur des enjeux moraux et par des techniques modernes — mailing et télévision — qui permettent aux foules de se manifester tout en restant tranquillement chez elles.

4.

Le suicide des syndicats

Au terme d'un rude marchandage avec les Démocrates, il y a quelque cinquante ans, les syndicats américains de l'AFL et du CIO renoncèrent à la révolution sociale pour rejoinde le camp du nouveau libéralisme. Ce fut un véritable contrat tacite, une alliance d'intérêts bien compris : les syndicats s'engageaient à « livrer les voix » *(deliver the votes)*, garantissaient les suffrages des ouvriers aux candidats démocrates ; en contrepartie, le gouvernement légalisait le monopole syndical dans l'entreprise. Si la majorité des salariés votent pour la syndicalisation, tout le personnel devient alors obligatoirement syndiqué. La liberté de choix disparaît, tout nouveau salarié est automatiquement membre du syndicat. La cotisation est prélevée directement chaque mois sur la feuille de paie[1].

Ce « bon » contrat a été respecté pendant un demi-siècle. Aujourd'hui, il est devenu suicidaire pour les deux partenaires.

Le syndicalisme américain, qui a lié son sort aux industries traditionnelles, s'effondre en même temps

1. Régime du « *closed union* ».

que la sidérurgie et l'automobile. Les effectifs syndiqués se réduisent au rythme même selon lequel le microprocesseur remplace l'acier et le charbon : de 25 % à 15 % du total des salariés en quinze ans. Enracinés par leurs origines dans les bases du Nord-Est, les syndicats n'ont pas réussi à s'adapter aux changements industriels : éclatement des grandes unités de production en petites entreprises, montée de la sous-traitance au détriment de l'intégration, déplacement du lieu géométrique de l'industrie du Nord-Est vers le Sud-Ouest, de Detroit et Buffalo vers Houston et San Francisco.

Ce déclin ne peut s'expliquer seulement par l'embourgeoisement des cols bleus ou par la stratégie antisyndicale des patrons qui, il est vrai, déplacent volontairement les activités vers des régions sans tradition syndicale. En fait, les syndicats, organisations de masse, ont vu leur puissance croître en même temps que la production de masse, qui mobilise des foules de travailleurs et supprime les rapports interpersonnels. Leur vocation et leur destin sont liés, par nature, aux structures gigantesques, qu'il s'agisse des entreprises ou de la bureaucratie administrative. L'effritement du syndicalisme dans l'industrie n'est donc ni accidentel, ni conjoncturel. Il est logique et probablement irréversible. Pour la même raison, il est normal que les services publics deviennent aujourd'hui pour le syndicalisme américain la dernière ligne de réserve. Et s'il est vrai que les États-Unis sont en train d'entrer les premiers dans une troisième révolution industrielle marquée par des mutations technologiques accélérées, le syndicalisme, qui protège les travailleurs dans la stabilité de leur emploi, ne peut que retarder ce processus ou être balayé.

Dans l'industrie informatique, il a déjà disparu. Dans

l'automobile, il résiste au changement, mais il tue les constructeurs américains et se suicide donc à terme.

A Detroit, l'Union des Travailleurs de l'automobile — *United Auto Workers* (UAW) — en est restée au théorème de Henry Ford, le fondateur, pour qui les salaires élevés permettaient aux ouvriers de s'acheter les voitures qu'ils produisaient. Or ce raisonnement ne valait que dans une économie fermée et sans concurrence. Aujourd'hui, il s'avère désastreux. Ford, Chrysler, General Motors, en alignant leurs prix de vente sur ceux des Japonais, perdent, en 1983, 1 000 $ par petite cylindrée vendue sur le marché américain. Leurs usines sont de véritables musées des technologies arriérées.

Celle de Ford à Deaborn date des années 30. Les ouvriers, sans aucune formation, travaillent dans des conditions d'hygiène et de sécurité qui ont disparu des usines automobiles européennes depuis vingt ans. Le rythme de travail y est particulièrement lent ; la chaîne est constamment interrompue par des défaillances techniques, mais plus souvent encore par des pauses café prolongées. Les délégués syndicaux, omniprésents, veillent à ce que les contremaîtres laissent les ouvriers travailler à leur rythme. C'est pourtant ici que Taylor a inventé le travail à la chaîne et la décomposition des tâches, caricaturée par Charlie Chaplin. Ford est aujourd'hui en pleine détaylorisation. La direction a perdu le droit de fixer la vitesse de la chaîne et ce n'est qu'après accord du syndicat que les cadences peuvent être accélérées. Le syndicat unique et obligatoire justifie ainsi, auprès de la base, le prélèvement automatique d'une cotisation forcée équivalent à deux heures de travail par mois, soit environ 20 dollars — 130 francs — pour un ouvrier sans qualification.

La qualité n'en est pas meilleure pour autant. Une enquête des organisations de consommateurs publiée par le *New York Times*, en novembre 1982, révèle que 56 % des automobiles américaines doivent être rapportées au vendeur dans les huit jours pour défaut de fabrication. Il est loin, le temps où une Ford et une Chevrolet duraient dix ans, chante Merle Haggard !

Detroit, la capitale historique de l'automobile, vit dans la nostalgie. Sur l'autoroute qui conduit de l'aéroport à la ville, un panneau lumineux géant indique le nombre de voitures produites depuis le 1er janvier 1982 : 4085695 le 14 octobre à 16 h 30, 4085698 à 16 h 32. Mais, à l'entrée du parking du syndicat des travailleurs de l'automobile, un autre panneau demande aux conducteurs de voitures japonaises de bien vouloir stationner... à Tokyo ! Signé : les 300000 chômeurs de l'UAW.

Autour du siège de l'UAW, ce ne sont qu'entrepôts éventrés et usines abandonnées. Cette Amérique-là est bien en train de fermer définitivement ses portes. Pour Douglas Frazer, le président à quelques mois de la retraite, s'y ajoute un grave échec personnel. En novembre 1982, pour la première fois depuis que l'UAW représente les salariés de l'automobile, la base a refusé par 68 % des voix l'accord pour 1983 que Frazer avait négocié pendant deux mois avec Iaccocca, le président de Chrysler. Les deux hommes sont davantage complices qu'adversaires. Iaccocca et Frazer sont tous les deux nés pauvres, l'un en Pennsylvanie, l'autre en Écosse. Ils ont gravi tous les échelons pour accéder au sommet de leur organisation. L'un est aussi influent que l'autre. Tous deux croient au rêve américain, mais ce rêve-là ne vaut plus pour l'industrie automobile.

En 1978, Chrysler est au bord de la faillite ; c'est l'UAW qui obtient du Président Carter un prêt de l'État, sans précédent dans l'histoire américaine, qui sauve provisoirement l'entreprise et les emplois. Il s'agit là, en quelque sorte, d'une annexe au contrat passé avec les Démocrates. Est-ce aussi pour respecter ce contrat que Frazer soutient à la même époque le traité sur le canal de Panama durement attaqué par la droite ? Dans son bureau, en tout cas, une lettre manuscrite de Carter témoigne sur ce point de la reconnaissance du Président américain...

Chrysler a survécu à la crise de 1978 et équilibre à peu près ses comptes, mais en ayant réduit ses effectifs de 85 000 à 50 000 de 1979 à 1980, et en fermant la moitié de ses usines.

Dans le même temps, les employés de Chrysler ont dû abandonner à la compagnie un milliard de dollars prélevés sur leur rémunération, leur retraite, leurs congés : 200 millions en 1979, 250 millions en 1980, 600 millions en 1981. A Noël 1981, ils ont même dû restituer une fraction des salaires qu'ils avaient déjà perçus. Par personne, cela représente une perte de 18 000 $ en trois ans. A travail égal, un ouvrier de Chrysler gagne aujourd'hui 9,07 $ l'heure, contre 12,08 $ chez Ford ou General Motors.

Quand Frazer a « obtenu » de Iaccocca, pour 1983, le maintien de la masse salariale en volume, sans rattrapage des pertes de pouvoir d'achat ni indexation pour l'avenir, la base a dit non ! Ce refus a de nombreuses significations. De circonstance, d'abord : la presse ayant révélé que Chrysler n'était plus dans le rouge mais disposait d'un milliard de dollars de trésorerie, les ouvriers ont pensé que le temps des sacrifices était passé. Autre raison de circonstance liée paradoxalement à la politique économique de Reagan : le ralentissement de l'inflation érode moins le pouvoir d'achat des salariés et renforce leur capacité d'attente d'une offre plus favorable du patronat.

Mais, plus profondément, ce « non » est un avertissement à la hiérarchie syndicale. Les employés de Chrysler estiment que Douglas Frazer comprend désormais trop bien les difficultés de l'entreprise, et plus assez celles de ses employés. Il est vrai que Douglas Frazer, depuis la crise de 1978, siège au conseil d'administration de Chrysler : à titre personnel, non en tant que représentant de l'UAW. Au cours de la négociation de l'automne 1982, il a obtenu que trois délégués du syndicat national y siègent désormais ès qualités, suffisamment pour être informés — piégés, aux yeux des salariés —, en tout cas sans influence aucune sur les décisions de l'entreprise.

La base, en fait, ne comprend pas plus les solutions industrielles — fermetures d'usines, licenciements massifs — endossées par l'UAW que les choix politiques accomplis en son nom. En 1979, 40 % des travailleurs de l'automobile votèrent pour Reagan alors que le syndicat soutenait Carter. Le contrat avec la gauche est rompu. La hiérarchie syndicale a perdu la confiance de la base, l'UAW perd ses arrières industriels, les libéraux ont perdu les suffrages automatiques des syndiqués.

Selon l'analyse conservatrice, tous ces phénomènes sont parfaitement cohérents. Le libéralisme, idéologie d'une époque révolue, a vocation à disparaître avec celle-ci. Le suicide collectif des industries périmées et de la bureaucratie ouvrière est une bonne manifestation de darwinisme économique et social, qui débarrassera le pays du complexe libéralo-syndical.

Dans cette perspective, la concurrence japonaise a, selon George Gilder, l'immense mérite d'avoir réveillé le capitalisme américain et fait jouer à nouveau la sélection naturelle. Cette logique s'oppose naturellement à l'alliance libéralo-syndicale qui réclame aujourd'hui quelques années de répit par le recours au protectionnisme. L'UAW fait particulièrement campagne pour que les voitures japonaises soient désormais construites aux États-Unis même. Cette révision du contrat permettrait de sauvegarder les effectifs syndicaux et la hiérarchie s'engagerait en contre-partie à ré-enrégimenter les votes. Tel est aussi le but de l'audition préalable des candidats démocrates à la présidence des États-Unis devant le comité de l'AFL-CIO. Les sénateurs Glenn, Hart et Mondale se sont déjà pliés à cet examen de passage qui n'est en fait qu'une opération de relations publiques destinée à ressouder la base syndicale au sommet. Douglas Frazer sait bien que son influence sur le choix des candidats est nulle, car le parti démocrate souffre de la même crise interne que l'UAW.

Ce sont désormais les électeurs qui désignent directement les candidats lors des élections primaires, et non plus les dirigeants du Parti. Alors qu'en 1959, John Kennedy fut choisi par les dirigeants syndicaux et démocrates après avoir fait la preuve, dans quelques primaires, que son catholicisme ne constituait pas un obstacle à sa candidature, vingt ans plus tard, son frère Edward dut affronter partout Carter devant les électeurs de base. La Convention du Parti ne fit ensuite que ratifier — fût-ce à contrecœur — le choix populaire.

Ce sont donc bien les organisations de masse, syndicats comme partis[2], qui ne fonctionnent plus. La hiérarchie syndicale ne commande plus les voix des ouvriers et les dirigeants démocrates ne choisissent plus leur

2. Ronald Reagan a parfaitement compris et utilisé cette crise, en 1981, lors de la grève des aiguilleurs du ciel, première épreuve de force intérieure à laquelle il ait été confronté. Alors que la grève paraissait imparable, le Président licencia les grévistes (des fonctionnaires et, dans leur quasi-totalité, des professionnels supposés irremplaçables). En dépit de l'arrêt du trafic aérien, l'opinion soutint le Président dans cette bataille explicitement antisyndicale plus encore qu'anticorporatiste.

candidat. Frazer estime que cette irruption de la base dans les choix politiques et syndicaux affaiblit la démocratie. Contrairement aux conservateurs, il ne pense pas que le peuple sait ce qui est bon pour lui. Il s'en tient au schéma libéral selon lequel il appartient aux élites — la Nouvelle Classe — de modeler la société. Piégé par le passé, ce n'est pas lui qui pourra dénoncer le contrat avec l'*Establishment* de gauche ni bâtir un autre syndicalisme.

Ouvrier à seize ans aux usines de Soto — une maquette de la voiture qu'il construisit à l'époque orne son bureau —, licencié à dix-huit ans pour y avoir organisé la première grève, Frazer entretient la nostalgie d'une Amérique ouvriériste, du labeur industriel, de sa fraternité, de ses odeurs et de ses bruits. Les hommes d'alors, dit-il, voyaient ce qu'ils produisaient et pouvaient évaluer le rapport entre le produit de leurs mains et leur salaire. Ce rapport a été tué par la technologie, les paysages industriels traditionnels sont en ruine, certains quartiers de Detroit évoquent une ville bombardée.

Il ne comprend pas non plus pourquoi le rêve américain, qui a fonctionné pour lui, ne vaudrait plus pour la génération suivante. Fortement attaché à la libre entreprise, à la concurrence, au capitalisme, toutes les solutions de type socialiste lui paraissent simplistes et le laissent sceptique : naturellement, il est hostile aux nationalisations comme au contrôle des prix et des salaires. L'UAW, comme tous les syndicats américains, a toujours partagé le consensus dominant et l'a même renforcé en période de crise. Elle fut, dans les années 50, à la pointe du combat contre le communisme, et se joignit à la chasse aux sorcières du maccarthysme en excluant ses membres suspects de sympathie pour les soviets. Elle ne s'est pas non plus opposée de front à la guerre du Viêt-nam. Pour Frazer, chaque Américain peut encore vivre sa *success story* individuelle, au prix de l'éducation et de l'effort, et les comparaisons entre la Grande Crise et celle des années 80 l'indignent. Il se souvient encore du goût du pain de trois jours acheté pour deux cents en 1930, que sa mère faisait frire et qui constituait alors l'essentiel du repas de la famille Frazer. Parler aujourd'hui de la pauvreté d'un chômeur de Detroit, c'est, dit-il, ne pas avoir connu la vraie pauvreté.

Mais, dans le même immeuble de l'UAW, sur les rives du lac Erié, deux étages au-dessous de son bureau, une nouvelle génération de dirigeants syndicaux, passés par les universités plutôt que par l'usine, ne tient plus du tout le même langage.

Tout oppose Daniel Luria, directeur du service économique de l'UAW, à Douglas Frazer : itinéraire intellectuel, professionnel, tenue vestimentaire, physique même. Le vieux président Doug, visage rose et buriné, yeux bleus, souriant et ouvert, protestant, costume trois-pièces de manager, bureau luxueux, est au fond à l'image même de l'Amérique capitaliste. Dan Luria est à l'évidence un juif de la deuxième génération, passé par les bonnes écoles de la côte est dans les années 70 ; en jeans et sans cravate, il est l'autre face de l'Amérique, un contestataire peu disposé à composer avec le système capitaliste, avec les patrons et le mouvement conservateur. Pour Luria, la crise actuelle et la réaction reaganienne sont les derniers soubresauts d'une société en voie de disparition. L'initiative privée lui paraît incapable de prendre les énormes risques qu'exigent la reconversion économique, la reconstruction de toutes les infrastructures du pays, la réindustrialisation de l'Amérique. Il ne voit que deux solutions : le socialisme à l'européenne ou le corporatisme à l'américaine.

L'absence d'idéologie lui paraît en effet constituer la grande faiblesse du syndicalisme américain, la principale raison de son incapacité à recruter désormais dans les milieux étrangers à la mythologie industrielle des cols bleus.

Le socialisme de modèle anglais, scandinave, et plus encore français, séduit aujourd'hui la fraction la plus sophistiquée de la gauche américaine. L'expérience française en particulier, vue des États-Unis, lui paraît à même de combiner la social-démocratie traditionnelle avec la réindustrialisation et la haute technologie. Cette tendance reste très minoritaire et ses tenants estiment que leur tour ne viendra que lorsque toutes les autres solutions auront été épuisées. Curieusement, l'animateur de ce mouvement est un banquier, Félix Rohatyn, qui travaille dans une banque française de New York, Lazard. Rohatyn est connu pour avoir sauvé de la faillite les finances de la ville de New York, et il est le consultant de nombreuses grandes villes américaines qui connaissent des difficultés budgétaires.

Luria admet que le socialisme est pour l'heure trop exotique ou trop sulfureux pour rallier la base syndicale. La solution américaine, c'est le « corporatisme », la création d'une sorte de gouvernement de salut public alliant les chefs d'entreprise, les politiciens et les syndicats, seul capable d'imposer de manière équitable les restrictions de pouvoir d'achat qu'exigeraient un niveau élevé d'investissements publics et le passage de l'industrie traditionnelle à la technologie avancée. Une expérience très limitée dans ce sens avait été esquissée au cours des derniers mois de l'administration Carter : un comité tripartite — patrons, syndicats, gouvernement —, chargé d'élaborer un nouveau contrat social, avait à peine eu le temps de se réunir avant que Reagan ne le dissolve.

Le rêve corporatiste m'a paru bien accueilli à la base, bien que Douglas Frazer soutienne le contraire. Les responsables syndicaux d'atelier de Ford, Chrysler ou General Motors, sans l'exprimer de manière aussi sophistiquée que Daniel Luria, paraissent ralliés à ce schéma de « collaboration de classe ». S'y ajoute chez eux une forte défiance envers les hiérarchies, qu'elles soient syndicales, politiques ou patronales. Ce corporatisme est un *populisme*, tout comme l'est de son côté le nouveau conservatisme et, de manière générale, chacun des mouvements politiques et sociaux qui se développent aujourd'hui aux États-Unis.

Après le départ de la génération des Douglas Frazer, *le corporatisme populiste pourrait bien être la réponse de la nouvelle gauche à la révolution conservatrice.*

5.

Des Noirs contre les droits civils

L'événement le plus spectaculaire des élections de novembre 1982 fut le retour à son poste de gouverneur de l'Alabama de George Wallace, porte-parole du racisme des Blancs du Sud pendant trente ans de vie publique, candidat de l'extrême droite aux élections présidentielles en 1968 et en 1972, victime d'un attentat, cette année-là, qui le laissa paraplégique et sourd. Wallace est alors réélu avec 60 % des voix, dont 84 % des voix des Noirs. Comment les Noirs ont-ils pu voter pour celui qui, gouverneur en 1962, s'opposa de toutes ses forces à la déségrégation scolaire et fit de l'apartheid appliqué à son État la clé de toute sa politique ? Faut-il saluer le retour de l'oncle Tom, cet archétype, créé au XIXe siècle par Mme Beecher Stowe, du bon Noir qui s'efforce de ressembler aux Blancs et qui accepte de tenir dans la société américaine la place d'esclave en semi-liberté que lui accordent ses éternels maîtres du Sud ? Les Noirs auraient-ils choisi le parti de l'oncle Tom contre celui de leurs frères libérateurs, les combattants des droits civils ?

Sans aucun doute la réélection de Wallace indique que les Noirs n'adhèrent pas obligatoirement aux directives des grandes organisations qui prétendent les représenter et qui sont totalement ralliées à la gauche libérale. Le peuple noir qui a élu Wallace est à l'évidence coupé de la classe politique issue de ses rangs. C'est vrai au Sud, chez les Noirs les plus traditionnels, et cela le devient dans les grandes villes du Nord, comme nous le verrons à Boston. Mais à Montgomery, Alabama, l'explication du retour de Wallace va bien au-delà de l'incapacité des Noirs à rejeter les vieilles défroques de la servitude. Car l'habileté de Wallace aura consisté à jouer les deux cartes maîtresses de la politique sudiste : la religion et le populisme.

Sa campagne électorale fut une confession publique orchestrée. Dans sa chaise roulante poussée par des infirmières et juchée sur une estrade, Wallace se repent. Il s'accuse devant la foule noire de ses erreurs passées, renie son racisme, avoue ses erreurs. La foule, profondément religieuse, croit cet homme blessé, rescapé, lui pardonne. Andrew Young, ancien pasteur, voit, là, la principale raison du retour de Wallace, et, par-delà, estime que le christianisme est le fondement de toute la vie sociale et politique américaine. Les Américains blancs et noirs — noirs surtout — sont chrétiens et, parce qu'ils sont chrétiens, pardonnent. C'est le pardon qui, selon Young, rend la vie possible aux États-Unis, particulièrement la coexistence entre les deux races, malgré les péchés des Blancs envers les Noirs.

Les Noirs pardonnent, mais cela ne saurait suffire. Wallace est aussi un populiste. Lorsqu'il fut gouverneur de l'Alabama, il promulgua la gratuité des livres scolaires pour tous. Les Noirs, illettrés pour la plupart en ces années-là, ont appris à lire dans les livres de Wallace. Devenue adulte, toute une génération reconnaissante a voté pour l'homme qui lui a permis d'apprendre.

Wallace est un démocrate, mais ce n'est pas un libéral. C'est un démocrate conservateur, produit d'une étrange osmose entre anciens esclaves et leurs anciens maîtres, mystifiés par la religion et la charité peut-être, mais aussi profondément méfiants envers les revendications égalitaristes et les méthodes de la gauche, qu'elle soit noire ou blanche.

Andrew Young lui-même est-il vraiment représentatif et encore suivi ? L'ancien ambassadeur de Carter, qui me reçoit couché sur son sofa de cuir, à la mairie d'Atlanta, en m'invitant à partager avec lui des boîtes de Coca-Cola, est en fait désormais plus proche de l'*Establishment* politique que de son peuple. Il est entré dans la Nouvelle Classe. Au demeurant, les problèmes intérieurs aux États-Unis, l'éternel débat sur le racisme l'ennuient. Ce qui le passionne, c'est le monde, les relations de son pays avec l'Afrique, avec Cuba, avec l'Amérique centrale. Young est l'un des rares hommes politiques américains à s'intéresser vraiment au sous-développement tropical, et, dans cette vaste mairie, entouré d'un personnel abondant, il se sent visiblement à l'étroit. S'il se déclare acquis au libéralisme et à l'ingénierie sociale de la gauche américaine, c'est, semble-t-il, davantage pour justifier son action passée que pour répondre aux interrogations présentes. Car le problème noir ne se pose plus aujourd'hui dans les mêmes termes qu'il y a quinze ans, à l'époque où, aux côtés de Martin Luther King, Andrew Young organisa le combat pour les droits civils. Son désenchantement est le signe d'une rupture subtile, mais qui devient chaque jour plus évidente, entre le peuple noir et la gauche.

A la gauche, les Noirs doivent l'égalité politique, mais pas l'égalité économique. Or, aujourd'hui, ce qui préoccupe les Noirs, ce n'est pas leur représentation politique — ils sont largement représentés dans les diverses fonctions publiques —, c'est leur retard économique sur les autres races, Blancs, Jaunes, Hispaniques. Ce retard ne se comble pas. Leur revenu moyen stagne depuis dix ans autour de 60 % de la moyenne nationale, et le chômage des jeunes Noirs — 45 % — s'est aggravé depuis vingt ans par rapport à celui des jeunes Blancs.

Les électeurs noirs — 30 % pour Reagan — en ont tiré la conclusion logique que la gauche les avait fait sortir du ghetto politique pour les faire entrer dans un ghetto économique. En somme, concluent les intellectuels noirs « conservateurs », l'analyse de la gauche était fausse dès le départ.

Ce courant important, animé par Thomas Sowell[1], historien à l'institut Hoover de l'université de Stanford, propose en fait une révision complète de l'histoire des Noirs américains. Cessons, écrit Sowell, de poser le problème noir en termes moraux, et examinons l'histoire du peuple noir par comparaison avec les autres minorités immigrées, Italiens, Juifs ou Chinois. Leurs destins sont identiques dès l'instant où l'on admet que les Noirs ne sont vraiment entrés dans la vie américaine que depuis vingt ans. Certes, ils étaient là depuis un siècle ou deux, mais sans influence sur leur propre histoire, parce qu'ils furent d'abord retenus en esclavage, puis privés de fait de leurs droits civiques, culturels et sociaux, jusque vers 1960. De plus, jusqu'à la même époque, ils habitent en majorité les régions rurales les plus pauvres, et n'arrivent dans les villes que tout récemment. Dans cette perspective, les Noirs représentent la vague d'immigrés la plus récente des États-Unis.

1. Thomas Sowell est un défenseur de la libre entreprise et en applique les principes : il demande à être payé pour être rencontré. C'est donc la seule personne dont les analyses sont reproduites dans ces pages à partir de la lecture de ses livres, non à partir d'une discussion réelle.

A la différence des autres races, ce sont des immigrés de l'intérieur : mais ils sont allés des campagnes vers les villes, de la servitude vers la liberté, comme tous les autres. Dès lors, constate Sowell, les Noirs connaissent un destin comparable à celui du reste du peuple américain : ils s'intègrent en trois générations. Leur apparent retard actuel ne serait qu'une erreur de perspective historique. Sowell note par exemple que l'élite politique ou économique noire appartient à des familles qui n'ont jamais connu l'esclavage — tous les Noirs n'étaient pas esclaves — ou urbanisées de longue date. Les Noirs gravissent donc l'échelle sociale selon les mêmes dispositions que les autres races. La délinquance, dans le système Sowell, s'explique aussi bien que le succès. La deuxième génération d'immigrants est la plus tentée par la violence, parce qu'elle est coupée de ses racines et pas encore intégrée à la classe moyenne. Le banditisme fut ainsi dominé par les Juifs américains dans les années 20, puis par les Italiens. Il l'est aujourd'hui par les jeunes Noirs. Il suffirait donc de cesser de poser le problème noir en termes distincts pour qu'il se résolve de lui-même. Les Noirs rejoindront naturellement le courant central de leurs camarades américains.

Beaucoup de Blancs pensent spontanément, comme Sowell, qu'il n'y a plus de problème noir — en tout cas plus pour les Blancs. Ce qui devait être fait — les droits civils — a été fait, et le reste est l'affaire des Noirs, puisqu'ils sont désormais des Américains comme les autres.

Michael Novak, théoricien catholique du nouveau conservatisme, s'emploie à démontrer, grâce à une lecture attentive des statistiques économiques, qu'il n'y a en effet plus de problème. Il fait d'abord remarquer qu'avec un revenu de 114 milliards de dollars, les

25 millions de Noirs américains sont les Noirs les plus riches du monde, et que leur seul revenu est supérieur à celui de la Chine tout entière. Mais, répliquera-t-on, le revenu de la population noire ne représente en moyenne que 58 % de celui des Blancs. Illusion statistique, répond Novak, puisqu'elle ne tient pas compte de la jeunesse des Noirs. Alors que l'âge moyen des Blancs est de 30 ans, celui des Noirs est de 24 ans : il est normal que les jeunes gagnent moins parce qu'ils sont jeunes, non parce qu'ils sont Noirs. De plus, de nombreuses familles noires (42 %) sont dirigées par la mère, le père a disparu et la famille matriarcale américaine gagne toujours moins, qu'elle soit Noire ou Blanche. Enfin, les Noirs sont souvent concentrés dans des régions économiques en déclin, et il est logique que leur situation personnelle en soit affectée, non parce qu'ils sont Noirs, mais parce qu'ils habitent au mauvais endroit. Par contre, une famille noire avec deux parents de moins de 35 ans, vivant dans le Nord, gagne plus qu'une famille blanche comparable.

En résumé, les Noirs sont pauvres parce qu'ils sont trop jeunes, trop souvent divorcés, un peu trop localisés au Sud, et aussi parce qu'ils ne pratiquent pas la bonne religion. Novak ajoute en effet que les sectes religieuses auxquelles adhèrent en majorité les Noirs mettent l'accent sur la rédemption avec une charge émotive si forte qu'elle détourne leurs adeptes d'un labeur trop intensif.

Allant plus loin dans l'analyse, Walter Williams, jeune économiste noir de l'université George Mason à Washington, estime que le racisme est la plus mauvaise explication possible du retard économique actuel des Noirs. Premièrement, le racisme est un fait, et il ne sert à rien de nier les faits. Ensuite, il ne s'applique pas qu'aux Noirs, mais est universel. Le racisme est donc une explication superficielle et inexacte. Exemple : la ghettoïsation urbaine. Dès que des Noirs s'installent dans un appartement, les Blancs fuient l'immeuble, puis le quartier, voire la ville. Cette redistribution ethnique a modifié en trente ans le paysage urbain des États-Unis où certaines villes sont devenues presque totalement noires. Williams remarque que les Noirs fuient eux aussi dès lors qu'ils sont riches. Le facteur décisif est économique, non racial : nul n'a le désir de cohabiter avec des familles qui ne partagent pas le même mode de vie ou qui sont d'un statut social inférieur[2]. Autre exemple : les banques n'accordent pas de prêts hypothécaires aux Noirs qui veulent s'acheter un logement dans un quartier noir, leur interdisant ainsi d'accéder au statut de propriétaires. Ce n'est pas, selon Walter Williams, parce qu'ils sont Noirs, mais parce qu'ils représentent un risque bancaire trop élevé ; d'ailleurs, les banques noires adoptent le même comportement. Dernier exemple : si les prix de détail sont plus élevés dans les magasins des ghettos noirs, ce n'est pas par racisme, mais parce que le vol, voire le pillage, sont plus fréquents et qu'il faut là encore couvrir le risque économique.

Williams cherche en fait à démontrer que le racisme n'est pas un facteur économique discriminant en soi, et que les droits politiques n'ont pas de relation directe avec les droits économiques. Ainsi, l'antisémitisme n'a jamais empêché les juifs de s'enrichir. *Estimer que les droits politiques sont une condition préalable de l'égalité économique est donc une erreur d'analyse,* le contresens fondamental de la gauche américaine blanche et noire.

2. Au XIXe siècle, c'est l'installation des Irlandais qui faisait fuir les Anglo-Saxons. Les mêmes schémas se reproduisent donc. L'acceptation raciale vient après l'intégration économique, pas avant.

Les libéraux, s'étant trompés dans l'analyse, se sont donc trompés et continuent de se tromper sur les remèdes. Que s'est-il passé en effet ? La gauche, constatant que le droit de vote ne débouchait pas sur l'égalité économique et sociale, a voulu « forcer » cette égalité dans tous les domaines. Ce fut la doctrine de l'*affirmative action*[3] : quotas de Noirs obligatoires partout où l'État peut l'imposer, c'est-à-dire dans l'enseignement, l'Administration, les entreprises qui fournissent l'État. Mauvais service rendu aux Noirs, selon Sowell qui, dans son histoire de l'Amérique, montre que toutes les minorités spécialisées dans les emplois administratifs ont accumulé les retards économiques et culturels par rapport à ceux qui ont choisi le secteur privé. Ainsi, 20 % des militaires de carrière sont Noirs parce que leur recrutement est favorisé par le système des quotas. Les mesures de protection des Noirs se retournent donc systématiquement contre eux. C'est particulièrement le cas dans l'enseignement, avec la technique de déségrégation libérale qu'on appelle le *busing*.

Partout aux États-Unis, le *busing* est aujourd'hui un symbole. Ce terme anodin qui veut dire « transport scolaire » est en fait devenu le plus explosif de la vie politique américaine. *Pour ?* Vous êtes un libéral, un progressiste, un homme de gauche. *Contre ?* Un conservateur, ou plutôt un néo-conservateur.

Le *busing* est utilisé pour assurer une répartition raciale égalitaire dans les écoles publiques. Le point de départ en est une décision de la Cour suprême de 1968. Date importante, qui marque un sommet pour les idées de gauche. A noter que, là encore, comme pour l'avor-

3. Cette doctrine sociale a été appliquée en France pour la réforme de l'École nationale d'Administration en 1982. Un quota de maires et de syndicalistes se voit réserver des places à l'entrée et à la sortie, afin de démocratiser le mode de recrutement.

tement ou les prières dans les écoles, il n'y a pas eu vote du Congrès, nulle intervention du gouvernement. Toute l'affaire se règle devant les tribunaux fédéraux, d'appel en appel, jusqu'à la Cour suprême. Les juges, à la requête des associations pour les droits civils de la population noire, constatent que, à New Kent, en Virginie, telle école publique n'accueille que des enfants blancs, telle autre que des enfants noirs. La ségrégation est de fait, fondée sur des habitudes locales et confortée par quelques astuces administratives. Ainsi, l'inscription d'un enfant dans l'une des deux écoles est facilitée s'il apparaît qu'un membre de la famille est un ancien élève : c'est ce que l'on appelle la « clause du grand-père ».

La Cour suprême réfute l'argument de la bonne foi comme celui du respect apparent de la légalité. Les juges considèrent que le libre choix des parents ne satisfait pas aux règles de la déségrégation, puisque aucune famille blanche n'a choisi d'inscrire son enfant dans une école noire.

La Cour franchit alors un pas décisif en obligeant les écoles non seulement à faire la preuve qu'elles ne discriminent pas, à éliminer tout ce qui pourrait faire obstacle à la déségrégation, mais à se référer à une société idéale où il n'y aurait aucune ségrégation. En pratique, chaque école doit comporter un quota d'élèves correspondant à la composition sociologique du district qu'elle dessert. La répartition des enfants, partout où il peut y avoir soupçon de discrimination raciale — et à condition qu'il y ait action en justice pour y parer —, s'effectuera désormais selon ces critères. Ainsi, à Boston, la ville est divisée en neuf districts et chaque école de district doit refléter exactement la composition raciale (Blancs, Noirs, Hispaniques) de la zone correspondante. La répartition obligatoire des enfants conduit à créer un réseau de transports scolaires : le *busing*.

Dans un second temps, la répartition par écoles n'a pas paru suffisante au juge fédéral du Massachusetts Garrity, car elle ne tenait pas compte de la composition par âges de la population. Il faut donc, à présent, que chaque niveau scolaire respecte, par tranches d'âge, le quota correspondant à la population desservie.

Ce pur produit de la pensée libérale, destiné à offrir aux enfants noirs l'égalité des chances avec les enfants blancs, est un échec. Des écoles blanches, devenues noires, ont été instantanément désertées par les Blancs, mais aussi par les Noirs les plus aisés. De 1974 à 1982, le nombre des enfants blancs y est passé de 65 à 30 % des effectifs scolaires. Le *busing* a provoqué un afflux vers l'enseignement privé qui échappe à cette contrainte. Il a contribué à vider le centre de Boston des familles les plus riches, qui se sont installées à la périphérie, dans des banlieues blanches. Le niveau général de l'enseignement dans les écoles déségrégées a baissé par suite de l'afflux d'une population scolaire moins bien adaptée, et parce que les autorités locales, dominées par les Blancs à Boston (un conseiller municipal sur neuf est Noir, alors que la ville compte près d'un quart de Noirs), ont réduit les crédits des écoles que leurs propres enfants ne fréquentaient plus.

L'histoire de Boston se reproduit aujourd'hui à Los Angeles et à Chicago, toujours à l'instigation des cours de justice saisies par les associations pour les droits civils. Mais, dans le même temps, les protestations contre le *busing* s'amplifient et les Noirs, les premiers, ont le sentiment d'avoir été piégés. A Boston, Larry Johnson, jeune avocat noir des Noirs les plus défavorisés de la ville, réclame l'arrêt du *busing* et le retour au libre choix des familles. Ce retournement spectaculaire est approuvé par 70 % des Noirs de Boston, si l'on s'en tient aux sondages du quotidien local le *Boston Globe.*

Larry Johnson ne condamne pas le *busing* pour ses effets passés : il considère que ce fut une étape importante, quoique intermédiaire, destinée à éliminer les « enclaves blanches » et les aspects les plus criants de la discrimination. Mais le *busing* lui paraît aujourd'hui représentatif du piège légaliste dans lequel les Blancs ont enfermé les Noirs. En apparence, les Noirs ont obtenu une égalité « active » avec les Blancs. En réalité, ils ont perdu le libre choix de leur école, et leurs enfants reçoivent un enseignement médiocre. De plus, le *busing* ranime le racisme des Blancs envers les Noirs, leur hostilité à une politique de déségrégation qui leur coûte cher, il nourrit la bureaucratie et complique la vie des familles.

Pourtant, les grandes organisations libérales de défense des Noirs continuent à soutenir le *busing*; la gauche américaine aussi. Les dirigeants noirs ne peuvent remettre en cause la lutte pour les droits civils. En misant sur la non-violence et le légalisme, ils ont incontestablement fait des Noirs des citoyens à part entière. Reconnaître que cette méthode les a par ailleurs conduits à une impasse ne pourra être le fait que de la génération suivante.

D'après le discours de la gauche, c'est toujours par l'égalitarisme organisé entre les races que chacune pourra espérer échapper à la discrimination et à la pauvreté. Ainsi, chaque année, tous les élèves américains sont soumis aux mêmes tests d'intelligence, ce qui permet de procéder à des comparaisons dans le temps. Le Q.I. moyen des enfants de 13 à 17 ans a diminué de 1970 à 1980, mais, dans l'ensemble, les Noirs ont amélioré leur score et réduit l'écart qui les séparait des Blancs (pour les rejoindre dans la médiocrité, dit Larry

Johnson !). Le comportement privé des libéraux ne coïncide d'ailleurs pas toujours avec leurs positions publiques, et Andrew Young en offre un exemple paradoxal. Leader libéral par excellence, défenseur du *busing* dans sa ville d'Atlanta, il a retiré son fils Jimmy, 9 ans, de l'école mixte (Blancs et Noirs), située dans un bon quartier, qu'il fréquentait jusque-là, pour l'inscrire dans une école entièrement noire. Ses motifs : ne pas faire de Jimmy un faux Blanc, un Oncle Tom, précisément, coupé de la culture noire, mais le réintégrer au groupe auquel il appartient. Andrew Young père, en contradiction avec l'homme politique Andrew Young, a retrouvé spontanément le chemin d'une ségrégation, cette fois volontaire et fière de l'être.

En écho au *black is beautiful* — le « Noir est beau » des années 60 —, le peuple noir américain, après le passage obligé par l'étape des droits civils, devient une ethnie parmi d'autres. *Ethnics* est un mot clé du vocabulaire américain. Il désigne tous ceux qui ont conservé une certaine fidélité à leurs origines, même après plusieurs générations : en particulier les Polonais, les Italiens, les Grecs, les Baltes, les Scandinaves, les Allemands. Ce n'est en aucun cas un terme péjoratif. Les États-Unis sont ainsi faits de la juxtaposition de ces ethnies qui ne se fondent pas. La théorie du « creuset américain », le *melting pot,* n'a été que l'absurde projection d'un préjugé européen. Nous imaginions mal qu'une nation pût être ainsi balkanisée sans que toutes ses composantes n'en viennent à fusionner en une génération pour faire de bons Américains moyens et interchangeables. Or l'Amérique est exactement le contraire : c'est sans doute le seul État où la fusion dans la masse n'est pas indispensable pour devenir un bon Américain. Parce qu'être Américain, ce n'est pas appartenir à une communauté de race ou de culture, mais souscrire à un même contrat social qui respecte en principe la liberté des individus de rester fidèles à eux-mêmes.

Le « creuset » est une idée de gauche, généreuse et égalitariste. L' « ethnisme » est au contraire une vision conservatrice de la société américaine, fondée sur le maintien de la différence. Dès l'instant où les Noirs n'ont plus envie de ressembler aux Blancs, c'est tout le projet libéral d'*action affirmative* qui s'effondre.

Thomas Sowell et Walter Williams réclament que tout l'appareil réglementaire de protection des Noirs soit démonté, parce qu'il empêche en fait les Noirs d'accéder au marché capitaliste. Williams dénonce en particulier le salaire minimum institué par la gauche et destiné en principe à protéger les minorités raciales de l'exploitation. En vérité, selon Williams, le salaire minimum décourage les employeurs d'engager la main-d'œuvre la moins adaptée, autrement dit, les Noirs, parce que ce sont les derniers arrivés sur le marché du travail industriel et que le réflexe raciste joue naturellement. Pour que les Noirs soient embauchés, il faut qu'ils coûtent moins cher : c'était le cas il y a trente ans, et le chômage des jeunes Noirs était alors moins important que celui des jeunes Blancs[4].

Le salaire minimum n'est en fait qu'une mesure de protection des travailleurs les plus qualifiés, c'est-à-dire des Blancs. Williams remarque que les syndicats ouvriers sont particulièrement attachés au salaire minimum, parce qu'il préserve la situation de leur clientèle blanche, et que ces mêmes syndicats sont également les premiers défenseurs de l'assistance sociale (le *welfare*), contrepartie logique du salaire minimum, dès lors que

4. L'avantage des jeunes Noirs par rapport aux jeunes Blancs disparaît en 1955, et l'écart s'accroît brutalement à partir de 1966, au moment où triomphe la lutte pour les droits civils.

celui-ci interdit l'accès des Noirs au marché du travail. Le *welfare* rend cette exclusion économiquement supportable et, de plus, décourage les Noirs de chercher un emploi et de faire ainsi concurrence aux Blancs.

De la même manière, les règles de protection de certaines professions jouent contre les Noirs. Williams donne l'exemple des chauffeurs de taxis à New York. Il y a cinquante ans, un immigré italien pouvait librement acheter une voiture d'occasion, écrire *taxi* dessus et entrer ainsi dans la compétition capitaliste. Aujourd'hui, c'est impossible ; le nombre des taxis est plafonné, et le dernier arrivé sur le marché — le Noir — se voit refuser cette chance de devenir un entrepreneur privé. Ce qui est vrai pour les taxis de New York l'est aussi pour des centaines de petits métiers aujourd'hui fermés. L'État est donc le principal ennemi des Noirs. Il leur interdit l'accès à la libre entreprise comme au salariat, les entretient dans un état de dépendance économique et sociale. Les Noirs conservateurs demandent le retour au capitalisme intégral et *la disparition de toute sur-protection des Noirs.* Seule cette dérégulation leur permettra de rejoindre le niveau des autres Américains.

Bien entendu, cette analyse coïncide avec celle des néo-conservateurs blancs. Ainsi, en janvier 1983, le ministre de la Justice, William French Smith, tente de retourner vingt ans de jurisprudence constante de la Cour suprême en demandant l'annulation du système des quotas dans les services de police de la Nouvelle-Orléans et chez les pompiers de Boston. En Louisiane, le département de la police est en effet contraint de promouvoir au grade d'officier un nombre égal de Blancs et de Noirs, indépendamment de leurs aptitudes professionnelles, sous prétexte que la ville compte une proportion équivalente des deux races. A Boston, la

Justice fédérale, au nom des mêmes principes libéraux, contraint les services de police qui réduisent leurs effectifs à ne pas tenir compte de l'ancienneté dans les licenciements, car ce critère aboutirait à réduire le nombre des Noirs à un taux inférieur à leur représentation démographique. Dans les deux cas, le critère racial l'emporte donc sur la qualification ou l'ancienneté. Le gouvernement Reagan fonde sa requête sur la discrimination anti-Blancs à laquelle conduit cette recherche à tout prix de l'égalité, et espère forcer ainsi la Cour suprême soit à renoncer aux quotas, soit à admettre publiquement les excès auxquels conduit l'ingénierie sociale. A noter qu'à Boston, fait significatif, les syndicats (AFL-CIO) soutiennent en l'occurrence le gouvernement conservateur et se sont désolidarisés publiquement des organisations de défense des Noirs.

Mais, l'énorme risque de la solution conservatrice tient à ce qu'elle requiert une génération pour prouver son efficacité. En attendant, plusieurs millions de jeunes Noirs vivent dans une sous-culture de la pauvreté et de la violence. Une violence qui, pourtant, n'explose pas. Ce calme apparent de la population noire étonne les Blancs. Chaque année, au printemps, les médias annoncent un été chaud qui n'arrive jamais. Toutes les conditions en sont néanmoins réunies : surpopulation des centres-villes, drogue, chômage, exclusion sociale. La gauche paraît presque déçue de ce que la réduction de l'aide sociale par Reagan ne provoque pas d'émeutes comme sous les démocrates, il y a quinze ans.

A ce grand silence, plusieurs explications : les grands dirigeants du passé sont morts, assassinés ou réfugiés dans la politique, les affaires, la religion ; les jeunes préfèrent la drogue et la délinquance à la révolution ; les nouveaux leaders noirs ne peuvent se faire entendre, les médias ne s'intéressant plus à eux ; d'après Larry Johnson, un bon nègre est un nègre silencieux. Un peuple ne se révolte que s'il a une chance d'être entendu ; avec Reagan, ce ne serait pas le cas. Stuart Blumein, historien de la civilisation urbaine, ajoute que le remplacement des policiers blancs par des policiers noirs, dans les ghettos, a éliminé le principal détonateur. La quasi-totalité des révoltes des années 60 à Harlem, Chicago, Los Angeles, naissaient d'un affrontement avec un policier blanc. C'est également ce qui s'est passé en janvier 1983 à Miami, première émeute urbaine depuis une dizaine d'années, qui montre que les risques d'explosion sont toujours présents. Cependant, il semble aussi que les conditions opérationnelles d'une révolte urbaine aient disparu par suite de la concentration géographique des Noirs. Les émeutes de Los Angeles ou de Chicago, dans les années 60, se produisirent dans des villes où chaque race habitait un quartier distinct mais voisin. Il suffisait alors à un Noir de tourner le coin de la rue pour aller piller l'épicerie tenue par un Blanc. Aujourd'hui, au coin de la rue, il trouvera une épicerie tenue par un autre Noir.

Rien n'illustre mieux cette nouvelle distribution géographique que la ville de Detroit. En 1960, elle comptait 40 % de Noirs ; en 1982, 80 %. Les Blancs se sont installés dans la banlieue immédiate de Grosse Pointe et de Petite Pointe, séparée de Detroit par une rue, Alter Street. Cette rue, dans le langage populaire, c'est le « mur de Berlin ». Côté ville, un paysage urbain mal entretenu, aux allures abandonnées, aux commerces pauvres, habité par les Noirs. Côté banlieue, le rêve américain, des villas blanches et des pelouses ouvertes, exclusivement habité par des Blancs. Aucun piéton ne franchit jamais Alter Street. Les deux populations travaillent le jour dans les mêmes bureaux ou les mêmes usines de Detroit. Le soir, chacun rentre chez soi. Les deux races ne se mêlent — apparemment sans problème — qu'au travail, jamais à l'école ni dans leurs loisirs, dans les magasins ou les restaurants.

Cette évolution de type sud-africain s'est faite spontanément par une migration volontaire accélérée par le *busing*, le climat d'insécurité, l'absence de services publics en ville.

Toutes ces explications se valent et se combinent entre elles. En vérité, le peuple noir, en dehors de l'élite qui s'est parfaitement intégrée à la société américaine, est dans son ensemble à la dérive. Il aspire sans aucun doute à rejoindre le courant central des classes moyennes, sans y perdre pour autant son identité culturelle. Dans sa majorité, il ne croit plus aux solutions de gauche qui consistent à aller plus loin encore dans l'égalitarisme forcé et la protection sociale.

Loin de tirer les conséquences de leur échec, les libéraux estiment quant à eux qu'ils n'en ont pas fait assez. A ce degré, la mauvaise conscience morale ne suffit plus à justifier pareil aveuglement. « J'aimerais, dit Walter Williams, amnistier définitivement tous les Blancs de leur mauvaise conscience à propos des injustices du racisme, pour qu'ils cessent de se sentir coupables et de se comporter stupidement. Leur mauvaise conscience fait du mal au peuple noir. »

Le peuple noir, en tout cas, n'est plus nécessairement de gauche. Il balance aujourd'hui entre la dissidence intérieure et un ralliement au conservatisme auquel l'invite sa propre élite intellectuelle.

DEUXIÈME PARTIE

La reconquête culturelle

6.

La guerre des médias

Les présentateurs de la télévision exercent sur la société américaine la magistrature d'influence qui est déniée aux intellectuels et aux politiciens.

Dix-huit heures trente à New York. Dan Rather ouvre les informations télévisées sur CBS, suivies chaque soir par 40 millions de téléspectateurs. Il a sélectionné les faits qu'il retiendra et rédigé son commentaire. Sa personnalité, son regard, ses cheveux gris, ses intonations et ses préférences pèsent lourd. Son salaire est à proportion de son influence : 20 millions de dollars sur dix ans [1]. Mais Dan Rather, successeur du célèbre Walter Cronkite qui « inventa » la fonction de présentateur des informations télévisées, reprise dans le monde entier, a aussi été le premier journaliste à oser traiter avec désinvolture, voire avec sarcasme, le Président des États-Unis Richard Nixon pendant la guerre du Vietnam et le Watergate. C'est encore Dan Rather qui, en octobre 1982, en pleine campagne électorale, choisit de faire précéder une présentation par Reagan

1. D'après le livre de Barbara Matusow, *Evening Stars*, 1983.

de son bilan économique à mi-mandat d'un reportage misérabiliste sur la pauvreté en Amérique. C'est la chaîne qui l'emploie, CBS, qui fit du conflit vietnamien la première guerre télévisée en y entretenant avant tout le monde des équipes considérables, et c'est elle qui fit du mouvement pour la paix au Vietnam son « affaire personnelle ». C'est Walter Cronkite qui, sur CBS, alors que la Maison-Blanche s'évertuait à calmer le jeu en Iran, terminait tous les soirs son journal, de sa propre initiative, en rappelant depuis combien de jours les otages américains étaient retenus à l'ambassade de Téhéran. CBS est le cauchemar des conservateurs, comme le sont en général les médias de New York et de la côte Est, c'est-à-dire les trois grandes chaînes de télévision et les deux grands quotidiens libéraux, le *Washington Post* et le *New York Times.*

Les penchants libéraux des médias ne se limitent pas aux informations, mais imprègnent jusqu'aux feuilletons populaires qui occupent les écrans en permanence l'après-midi : les *soap operas.* Linda Lichter, pour la revue *Public Opinion,* s'est astreinte à regarder pendant quinze jours ces programmes et en a analysé les stéréotypes. Elle conclut que les producteurs veillent avec soin à ne pas tomber dans les pièges du sexisme ou du racisme. Ni les Noirs, ni les Hispaniques, ni les femmes, ni les personnes âgées (groupe de pression important aux États-Unis, baptisé *grey power* ou pouvoir gris) n'incarnent des personnages susceptibles d'encourager les préjugés communs. En revanche, le businessman tient habituellement le rôle du vilain dans des feuilletons dont le ressort dramatique ordinaire réside dans l'affrontement du bien et du mal.

Sur deux cent vingt-six personnages ainsi recensés — preuve de la fréquence de l'apparition de l'homme d'affaires dans ces films —, un tiers commet un acte illégal, un tiers n'agit que par appât du gain, et les autres sont stupides. Quelques-uns sont neutres, mais ce sont en général des « petits » opposés au « gros ». L'archétype en est évidemment J. R. Ewing, le héros négatif de *Dallas*. Au pays de la libre entreprise, ce traitement peut paraître étrange et reflète à coup sûr des préférences conscientes ou inconscientes. George Gilder estime que l'influence de ces feuilletons sur les femmes au foyer, par ailleurs ignorantes de l'économie et du monde des entreprises, les conduit à voter en faveur des libéraux. Contrairement aux Européennes, les Américaines votent en effet plus à gauche que les hommes. L'écart a été de 8 % lors des dernières présidentielles.

Ben Stein, célèbre critique de télévision, estime plus généralement que tous les feuilletons télévisés reflètent les préjugés et les ambitions de trois cents personnes, écrivains et producteurs vivant tous dans un même quartier de Los Angeles — Beverly Hills — et qui monopolisent les écrans. Les stéréotypes véhiculés par ces feuilletons, dont beaucoup parviennent en France, mais métamorphosés par l'exotisme, sont toujours identiques, qu'il s'agisse de Kojak, de Starsky et Hutch ou de l'inspecteur Colombo. Pour l'essentiel, le monde des affaires y est immoral, les criminels sont des victimes de la société, les militaires sont des fascistes, les fonctionnaires de braves gens, les pauvres sont toujours bons, la vie plus excitante dans les grandes villes que dans les petites, la religion inexistante ou rétrograde. Au total, cette nouvelle culture télévisée propage un modèle social rigoureusement inverse de la culture populaire traditionnelle américaine telle qu'elle pouvait apparaître, par exemple, dans le cinéma entre 1930 et 1960. Dans ces films, la réussite sociale était appréciable, les gangsters étaient des gangsters et méritaient d'être punis, les soldats étaient braves et la vie sociale se déroulait tranquillement dans le voisinage paisible d'une petite cité du Middle West. Rien de plus symptomatique, selon Ben Stein, que d'opposer traitements télévisés et filmés de la même petite ville. Au cinéma, comme dans la mentalité populaire, la grande ville corrompt et la petite protège. A la télévision, c'est le contraire : les apparences de paisibilité dissimulent la noirceur, le crime et la déviance dont le citadin de passage est la victime expiatoire. Tout simplement parce que la petite ville, symboliquement comme dans les faits, est le conservatoire de valeurs américaines qui contrarient les ambitions des producteurs de télévision, membres à part entière de la Nouvelle Classe libérale.

La droite considère que les médias, dominés par l'*Establishment libéral*[2], sont la clé du pouvoir de la gauche, l'instrument de la démoralisation sociale et de la crise américaine. Qui tient l'information détient le pouvoir. Dans une société dominée par la communication de masse, le pouvoir politique n'est rien sans la maîtrise des mots. C'est ce pouvoir que les conservateurs ont décidé de reconquérir. Dans cette perspective, le renversement du radical chic libéral par le new-look conservateur, depuis 1978, n'est pas un accident historique, mais un succès stratégique. Celui-ci a longtemps échappé aux observateurs de la gauche, parce qu'il ne

2. Une place à part doit cependant être faite au *Wall Street Journal* qui, avec deux millions d'exemplaires quotidiens, est le journal le plus important des États-Unis et le seul dont la diffusion soit nationale, alors que tous les autres sont des régionaux. Cette publication, financière à l'origine, a récemment développé ses pages d'informations générales et ses éditoriaux. Ceux-ci dominent aujourd'hui le renouveau conservateur. Depuis janvier 1983, le *Wall Street Journal* diffuse une édition européenne en langue anglaise qui contribue à faire connaître dans nos milieux économiques la nouvelle approche américaine.

s'est pas joué sur le terrain politique, mais sur celui des concepts et de leur diffusion.

Pour déstabiliser l'*Establishment libéral,* il fallait miner son contrôle de la parole et des médias. La bataille a été livrée de deux manières : de front, par des procès retentissants ; de biais, par la création de nouveaux médias contournant les anciens.

Depuis 1980, sur 47 procès en diffamation intentés à la presse et à la télévision, 42 ont été gagnés. Ces procès ont été jugés par des jurys populaires, ce qui est très significatif du retournement de l'opinion. Le président de Mobil a ainsi obtenu 1,7 million de dollars — plus de 10 millions de francs — du *Washington Post* qui avait mis en doute sa probité professionnelle. Mais le procès le plus spectaculaire est encore à venir : il opposera le général Westmoreland, ancien chef des armées américaines au Vietnam, à CBS. Ce sera le grand règlement de comptes entre la droite et les médias, la guerre du Vietnam refaite devant les tribunaux, l'histoire enfin révisée. Westmoreland estime avoir gagné la guerre sur le terrain et l'avoir perdue à Washington à cause de la télévision. C'est parce que CBS, NBC et ABC ont pu chaque soir, sans aucune censure, diffuser la guerre en direct de 1966 à 1973 dans les foyers américains[3], que le soutien populaire dont bénéficiait à l'origine l'intervention militaire s'est progressivement effondré. C'est la télévision qui a nourri le pacifisme sur les campus universitaires, en relayant ses manifestations, et c'est devant leur ampleur, par crainte de l'anarchie montante, que Johnson s'est engagé dans une stratégie de repli contre l'avis des militaires, en particulier celui de Westmoreland, et contre l'avis de la majorité dont les

3. La guerre du Vietnam a été surnommée « *the living-room war* ».

sondages de l'époque montraient qu'elle soutenait la guerre, bien qu'elle demeurât silencieuse.

Cette réinterprétation de la défaite, qui gagne aujourd'hui dans l'opinion, n'est pas acceptée ni acceptable par les médias.

C'est en grande partie pour dissiper ces doutes sur son rôle dans toute cette affaire que CBS est revenue sur le sujet le 23 janvier 1982 dans une émission intitulée « La trahison vietnamienne ». L'objectif inavoué de ce documentaire était de faire porter la responsabilité des 56 000 morts américains sur le commandement militaire, en montrant que Westmoreland avait volontairement dissimulé la vérité au gouvernement et au pays sur l'ampleur de l'offensive nord-vietnamienne du Têt en 1968, offensive qui marqua un tournant de la guerre et le début de l'effondrement du moral américain. Mais CBS a voulu trop bien étayer la thèse du complot militaire en manipulant les images, les témoins, le montage, y compris la propre interview de Westmoreland. Une analyse rigoureuse de l'émission par la revue populaire de télévision *TV Guide* a fait éclater le scandale. Ce documentaire est devenu un enjeu politique majeur, le symbole de la perversité libérale des grands réseaux. CBS a refusé des excuses publiques à Westmoreland et celui-ci, à son tour, a refusé la demi-heure d'antenne qui lui était proposée pour répondre. Il a préféré poursuivre la chaîne en justice, déclenchant en sa faveur un soutien populaire dont il n'avait pas l'habitude. Son courrier s'est soudain gonflé de lettres d'encouragement et de chèques destinés à lui permettre de soutenir un procès qui sera long, onéreux et spectaculaire. On s'attend à ce que Westmoreland gagne, remportant ainsi, dix ans après, la victoire sur son ennemi de toujours : le complexe libéralo-intellectuelo-médiatique.

Mais, par-delà ce débat sur les procédés de CBS,

c'est leur histoire récente que les Américains vont être appelés à revivre. Tout indique que la version maso-pacifiste des libéraux va se trouver balayée par une réinterprétation bellico-triomphaliste. C'est la thèse de Westmoreland. Émis depuis sa retraite de Charleston, en Caroline du Sud, remplie de souvenirs d'Indochine, une demeure ancienne de briques et de bois entourée d'hibiscus, de magnolias et de serviteurs noirs, son message s'adresse d'abord aux 6 millions d'anciens combattants qui ont passé au minimum un an là-bas, pour leur dire que leur combat n'a pas été vain, contrairement à ce qu'en dit la version libérale. Westmoreland prétend que l'armée américaine, en tenant dix ans face à l'offensive communiste, a permis aux autres pays de l'Asie du Sud-Est — Thaïlande, Singapour, Indonésie, Malaisie, Philippines — de renforcer leur État, leur défense, leur économie. Ces dix ans de répit auraient été décisifs et leur auraient permis de faire face aujourd'hui à l'impérialisme soviéto-vietnamien. Ce serait grâce à l'intervention américaine qu'aux exceptions près du Cambodge et du Laos, la théorie des dominos ne se serait pas complètement vérifiée. Bien entendu, les boat-people ont fait le reste pour achever de convaincre les pays libres de la région des méfaits du communisme, et pour les ancrer plus solidement encore dans le camp occidental.

Un moment important de cette réinterprétation de la guerre du Vietnam a été l'inauguration, le 11 novembre 1982, du premier monument à la mémoire des victimes de cette guerre. Entièrement financé par des fonds privés, c'est un mur immense en forme de V où sont inscrits dans le granit noir les noms des victimes. C'est aussi le seul monument de Washington à ne pas comporter de mention du style : « La Patrie reconnaissante », et sans drapeau. Un monument dressé à l'ambiguïté qui plane encore — provisoirement, sans doute — sur le sens de cette guerre.

Outre la guerre du Vietnam, c'est toute l'histoire de ces cinquante dernières années qui est en passe d'être révisée par les conservateurs : Roosevelt est accusé à la fois d'immoralité personnelle et de faiblesse face à l'Union soviétique ; Eisenhower, traditionnellement dédaigné par les libéraux, est maintenant présenté comme un homme d'État particulièrement avisé ; le sénateur Joseph McCarthy était un bon Américain honnêtement préoccupé par l'infiltration communiste au sein du ministère des Affaires étrangères. Thomas Reeves, auteur d'une biographie de 800 pages consacrée à McCarthy, estime qu'il fut la victime pitoyable de ses « amis » politiques (dont les Kennedy : Robert fut à son service) qui l'utilisèrent à des fins électorales.

La droite américaine est décidée à ne pas accepter un second Vietnam télévisé. On l'a bien vu au moment de la ratification des traités sur la zone du canal de Panama, qui a illustré la seconde bataille conservatrice pour maîtriser l'information par le « contournement » des mass médias.

En février 1978, quand Jimmy Carter soumet au Congrès la ratification de ces traités par lesquels les États-Unis renoncent à leur souveraineté, le débat, aux yeux de la classe politique et de la grande presse, paraît devoir se limiter à une simple formalité. Soudain, voici que la Maison-Blanche et les parlementaires sont submergés de lettres de protestation. Ces lettres sont toutes identiques, préadressées aux noms des députés et des sénateurs, une à leur bureau, une à leur domicile. Les expéditeurs n'ont eu qu'à timbrer et à signer. Combien a coûté l'opération ? Rien. Les destinataires avaient été invités à envoyer des chèques de soutien au Centre contre la ratification des traités de Panama. Toute l'opération s'est autofinancée. Derrière cette mobilisation de la majorité silencieuse qui soudain s'est fait entendre, un professionnel de la publicité directe : Richard Viguerie.

Viguerie est beaucoup plus qu'un publicitaire. Ce catholique texan de 50 ans, aux lointaines origines françaises, est un idéologue qui publie des articles passionnés, pour le retour de la morale en politique. C'est lui qui a inventé, en 1974, le terme de Nouvelle Droite, lancé avec succès sur le marché de l'opinion américaine, comme un produit de consommation courante, pour véhiculer ses idées dans le public. Viguerie est le premier à droite à comprendre qu'une des forces de la gauche américaine est sa capacité de produire des slogans mobilisateurs : « Nouvelle Donne » pour Roosevelt, « Nouvelle Frontière » pour Kennedy, « Grande Société » pour Johnson. Avec Viguerie, ce sera « Nouvelle Droite » et « Majorité morale[4] ».

Viguerie n'a pourtant pas l'air d'un ayatollah. Affable, élégant, petit et rond, il vit dans son bureau de Falls Church, près de Washington, plus que dans sa résidence somptueuse de Virginie. Entouré de valises ouvertes, de chemises et de cravates de rechange, toujours entre deux avions, sa seule passion est le travail. Il est ce qu'on appelle aux États-Unis un *workoholic,* un alcoolique du boulot et de la réussite. La Viguerie Company, lancée en 1975 avec 300 dollars, réalise aujourd'hui un chiffre d'affaires de 15 millions de dollars et lui en rapporte personnellement deux chaque année.

Il en profite peu. Ses week-ends sont consacrés à des

4. C'est sans brevet qu'un petit groupe d'intellectuels français essaie, cinq ans après sa création, de s'approprier l'invention de Viguerie, attirant un instant l'attention de la presse française ; nul à l'époque n'a eu la curiosité de remonter aux sources

réunions de réflexion avec les leaders de la Nouvelle Droite ; ses loisirs sont utilitaires : le golf pour rester en forme, et les repas macrobiotiques.

Sa fortune est une conséquence inattendue de l'après-Watergate. Pour empêcher le financement occulte des campagnes électorales, le Congrès, en 1974, limite la contribution que chaque candidat peut recevoir d'un seul donataire. Dès lors, les politiciens vont à la chasse aux contributions modestes, ce qui les oblige à faire appel à des spécialistes comme Viguerie pour mobiliser la masse des sympathisants. Le vrai talent de Viguerie est donc le *fund raising*, l'art de récolter des fonds pour des causes en principe désintéressées, le recours aux méthodes de conquête du marché pour la diffusion des idées, le management de l'idéologie.

Viguerie applique à la politique le modèle de l'entreprise capitaliste, parce qu'il est efficace et parce que les conservateurs demeurent persuadés que le capitalisme apporte à la fois les solutions techniques et la sanction morale. Si un produit se vend, c'est qu'il est bon. Si une idée marche, c'est qu'elle est juste.

Dans son ordinateur, douze millions de noms et d'adresses sont répertoriés par centres d'intérêts. Par des lettres, des dépliants, des brochures, il peut instantanément les mobiliser et susciter ainsi des courants populaires. En 1978 et 1979, la machine Viguerie a activement participé à la campagne de Reagan, et sans doute la montée irrésistible et inattendue du futur président dans les sondages et les primaires qui ont précédé son élection doit-elle beaucoup à cette technique. Les mailings de Viguerie avaient mobilisé la majorité silencieuse à l'insu des médias. En 1982, la Viguerie Company aura diffusé soixante-cinq millions de messages politiques pour défendre des causes conservatrices, en particulier en faveur du droit de chaque citoyen à détenir une arme à feu.

Viguerie a en fait créé un nouveau média qui contourne les moyens de communication traditionnels, supposés acquis à la gauche. La sélection de sa cible, grâce à la maîtrise informatique de gigantesques fichiers, lui donne une force de conviction dont ne disposent pas les médias de masse. Ses messages ne s'adressent pas à un destinataire passif, mais l'appellent à participer, soit en retournant des fonds, soit en écrivant à son tour. Le principe de l'*act now* (agissez maintenant), appliqué au direct-mail, marque une différence essentielle avec les autres mass médias qui laissent le spectateur « froid », pour reprendre la terminologie de Marshall McLuhan.

Plus spectaculaire encore est le développement de la télévision chrétienne, surnommée l'*electronic church* ou église électronique. Il s'agit en fait de centres de production dont les programmes sont diffusés par les stations locales. La télévision aux États-Unis est, comme le reste, une affaire locale. Chaque ville importante a sa station de télévision privée et sa ou ses stations de radio. Ces stations indépendantes, n'ayant pas les moyens de produire elles-mêmes autre chose qu'un bulletin d'informations régionales, achètent des programmes à l'extérieur et sont souvent affiliées à l'un des trois grands réseaux nationaux : ABC, CBS, NBC, dont elles relaient les émissions-vedettes et les journaux d'information. Les églises électroniques transitent donc à leur tour par ce système de diffusion. Les trois principaux centres sont à Norfolk (Virginie) le *Christian Broadcasting Network* de Pat Robertson, le *Trinity Network* de Los Angeles, et le plus dynamique de tous : le

PTL Club de Charlotte (Caroline du Nord) — *PTL* pour *Praise The Lord* (Louons le Seigneur) —, créé il y a dix ans par un pasteur évangéliste, Jim Bakker.

A 42 ans, Jim Bakker et sa femme Tammy, dont les carrières sont inséparables, ressemblent plus à des stars des années 50 qu'à un couple de prédicateurs. Très soucieux de leur apparence, ils ont d'ailleurs publié en commun un livre intitulé *Comment rester mince avec l'aide de Dieu,* leurs cheveux sont laqués, Tammy porte des faux-cils et Jim essaie de ressembler à Anthony Perkins. Le point de départ de la carrière de Jim est un « show » chrétien où il reçoit des invités plus ou moins célèbres qui ont rencontré Dieu[5], le tout agrémenté d'intermèdes musicaux, hymnes religieux fortement réorchestrés. Sur l'écran apparaît par intermittence un numéro de téléphone qui permet aux téléspectateurs de témoigner de leur expérience religieuse, de demander que l'on prie pour eux, voire de prier en direct. Une centaine de standardistes prient à la demande avec leur interlocuteur pendant le déroulement de l'émission. La durée de celle-ci est d'ailleurs indéterminée. Si une commune ferveur religieuse gagne les animateurs sur le plateau et les spectateurs au téléphone, elle peut se prolonger tard dans la nuit, voire jusqu'à l'aube. Cette participation active, comme dans les mailings de Viguerie, transforme la nature des relations que son public entretient avec la télévision. L'église électronique est elle

5. Cette expérience religieuse commune dans l'église baptiste est le *revival,* la renaissance. A la suite de cette « illumination », les croyants sont *born again,* nés une seconde fois. Le *revival* est soit spontané, soit provoqué par les pasteurs évangélistes qui « appellent » le Seigneur. Cette grâce soudaine efface tous les péchés ; elle est aussi une préfiguration du retour du Christ. Un tiers des Américains adultes, selon l'institut de sondage Gallup, déclarent avoir eu ainsi une expérience religieuse qui a modifié le cours de leur vie.

aussi un média « chaud », contrairement à la télévision de masse.

Ce programme hebdomadaire est enregistré dans le studio du *PTL Club,* l'un des plus modernes des États-Unis, qui de l'extérieur ressemble à une église : le clocher dissimule l'antenne !

Le trait de génie de Jim Bakker consiste à ne pas vendre les programmes qu'il produit aux stations de télévision, mais au contraire à leur acheter du temps d'antenne. Les éventuelles préventions des stations contre le style de Bakker cèdent devant l'avantage financier qu'elles y trouvent. Le *PTL* consacre chaque mois 1,2 million de dollars à ces achats d'espaces à 200 stations qui couvrent à peu près l'ensemble du territoire, et dans quelques pays de « mission » comme les Philippines et la Thaïlande. L'audience du Jim Bakker show est estimée en moyenne à 15 millions de personnes, et ce sont elles qui financent le programme. Le spectacle est ponctué d'appels de fonds dont les résultats couvrent à eux seuls toutes les opérations du *PTL.* C'est d'ailleurs un appel particulièrement réussi à la télévision locale de Charlotte, il y a dix ans, qui a conduit Jim Bakker à s'y installer. Pour faire bon poids, il ajoute dans l'un de ses livres que, cette nuit-là, tant d'ulcères et de cancers guérirent spontanément à Charlotte qu'il était impossible de résister à l'appel de Dieu. « Dieu attend beaucoup de moi », me dit Jim Bakker. Quelques hommes d'affaires locaux, bons chrétiens au demeurant, ont également aidé Bakker à démarrer.

Les Bakker mènent une vie fastueuse sur un vaste domaine qui est devenu une sorte de Club Méditerranée religieux où les familles peuvent, le week-end ou durant les vacances, se baigner, jouer au tennis ou manger des glaces tout en participant aux prières collectives. Partout des téléphones sont reliés au standard religieux pour le cas où l'envie vous viendrait de partager une prière. La vitesse, sur les routes qui parcourent le Club, est curieusement limitée à des chiffres cabalistiques : 11, 17, 22 miles à l'heure, et contrôlée par Dieu *(speed checked by God),* du moins si l'on en croit les panneaux. D'une manière générale, les Bakker entretiennent avec Dieu une relation personnelle et suivie qui conditionne leurs décisions quotidiennes. C'est cette expérience privilégiée qu'ils font partager à leurs téléspectateurs, produisant force conversions et miracles pour attester que « Dieu ça marche ». Dans ses mémoires, Jim Bakker raconte comment, le jour où il eut besoin de remplacer sa voiture accidentée, Dieu lui commanda de lancer un appel à la radio, et comment les chèques affluèrent. Les Bakker ne doutent apparemment jamais de Dieu, et réciproquement. Mais rien là qui ne soit courant dans le mouvement évangélique américain.

Bakker prépare déjà l'étape suivante qui lui permettra d'atteindre tous les foyers américains par satellite, sans passer par les stations. Il possède son propre satellite de télécommunication qui diffuse des programmes chrétiens 24 heures sur 24, mais peu de téléspectateurs disposent de l'encombrante soucoupe de réception directe permettant de court-circuiter les stations de télévision. Ce sont donc les stations qui se branchent sur le satellite et en relaient les émissions jusqu'au téléspectateur. Mais l'on peut prédire à coup sûr que la réception directe se développera dans les années à venir au fur et à mesure que la dimension et le prix des récepteurs diminueront.

Le satellite est donc en train de transformer radicalement la relation du téléspectateur avec la télévision, comme on peut déjà le constater avec les programmes diffusés par câble. Les chaînes câblées ne diffusent pas de programmes généraux, mais se spécialisent dans le sport, le cinéma, la météo, les informations, les cultures minoritaires. Jim Bakker va donc créer une chaîne « inspirée » pour diffuser de par le monde la parole de Jésus-Christ.

Cette télévision de demain existe déjà dans les nombreux foyers câblés et satellisés qui ont couramment accès à une cinquantaine de programmes, et ce sont les conservateurs qui en saisissent toutes les opportunités. Ainsi, le premier câble entièrement consacré à l'information 24 heures sur 24 *(Channel Cable News)* a-t-il été lancé par Ted Turner[6], totalement engagé dans le combat conservateur ; il offre désormais au plan national un substitut aux journaux télévisés des trois grands networks.

Y a-t-il une explication à ce dynamisme de la droite dans les nouvelles techniques de l'information ? En tout cas, elle n'est pas d'ordre financier, car Viguerie, Ted Turner ou Jim Bakker ont démarré avec des moyens très limités. L'argent est plutôt du côté des médias libéraux, CBS ou le *Washington Post.* Mais ces hommes sont des entrepreneurs, de vrais capitalistes. Ce n'est pas pour autant la seule explication : plus profondément, la gauche, raisonnant en termes de masses, fait logiquement confiance aux mass médias ; la droite, raisonnant en termes d'individus ou d'élites, s'oriente tout naturellement vers des moyens de communication individualisés. Or, la révolution en cours dans les médias réside bien dans leur démassification et leur individualisation. Cette révolution technologique modifie de fond en comble le jeu politique. La diversification à

6. Turner a d'abord été un sportif professionnel, vainqueur de l'America Cup, puis propriétaire d'une équipe de baseball. C'est, comme Jack Kemp, une illustration de l'interférence entre le monde du sport et le conservatisme politique.

l'infini des médias et leur spécialisation rendront désormais beaucoup plus difficile la mobilisation des masses sur un thème simple, exploité unilatéralement par un nombre limité d'« émetteurs » de l'information, comme ce fut le cas lors de la guerre du Vietnam.

La notion même d'audience de masse disparaît avec la parcellisation des spectateurs. Alors que la télévision, dans la première phase qui s'achève, favorisait l'uniformisation des comportements, des modèles socio-culturels, politiques et linguistiques, la nouvelle télévision favorise au contraire l'individualisme. Aujourd'hui, dans toutes les grandes villes, des chaînes câblées s'adressent déjà dans leur langue aux minorités qui n'ont plus aucune raison de se joindre au grand *melting pot* libéral.

La gauche, qui était favorisée par le contrôle de l'information exercé par les trois chaînes nationales, devient techniquement et idéologiquement perdante avec l'explosion des moyens de communication. Dès l'instant où tout le monde peut communiquer avec tout le monde, son avantage culturel disparaît et il lui est infiniment plus difficile, voire impossible, de diffuser et d'imposer un modèle de société qui ne correspond pas au sens commun du plus grand nombre.

Dans *La Démocratie en Amérique,* Tocqueville avait déjà établi de manière prémonitoire une relation directe entre la multiplicité — considérable pour l'époque — des journaux et la démocratie. A partir des années 30, à l'ère libérale, cette diversité est devenue plus apparente que réelle avec la constitution de chaînes et de groupes. Ainsi Gannett, le Hersant américain, a-t-il racheté 86 journaux locaux dont les lecteurs ignorent qu'ils lisent tous les mêmes éditoriaux. Mais cette concentration qui a affecté la presse écrite, la télévision et, dans une moindre mesure, la radio[7], vole aujourd'hui en éclats grâce au câble et au satellite. A la limite, un totalitarisme de gauche comme de droite devient impossible dès l'instant où aucun pouvoir ne peut plus parler d'une seule voix qui ne soit immédiatement couverte par des milliers d'autres.

7. Il existe aux États-Unis 9000 stations de radio locales.

7.

Les intellectuels passent à droite

Simultanément à cette reprise en main de l'information, une nouvelle race d'intellectuels de droite apporte aux valeurs conservatrices des lettres de noblesse et des vertus philosophiques généralement réservées aux idées de gauche, aux États-Unis comme ailleurs.

La participation active et reconnue de ces intellectuels à la reconquête conservatrice est doublement surprenante. D'abord parce que l'intelligentsia appartient traditionnellement à la gauche libérale, qu'il s'agisse des écrivains, des éditorialistes de la presse écrite de la côte Est, des présentateurs de télévision ou des universitaires. Mais aussi et plus encore parce que leur influence politique et leur participation à la vie publique sont habituellement beaucoup plus modestes qu'en Europe. Les intellectuels américains n'occupent pas le devant de la scène politique et sociale, ils n'exercent aucune magistrature morale ni aucun pouvoir culturel. Ils sont depuis longtemps écartés des mass médias au profit de vedettes plus populaires. Rien n'équivaut aux États-Unis à une émission comme *Apostrophes*. Elle serait même impensable. Avoir écrit un livre ne donne pas automatiquement le droit d'avoir une opinion sur tous les sujets et les médias ne s'en feraient pas l'écho.

Contrairement aux nôtres, ces intellectuels sont « spécialisés » dans leurs domaines respectifs et y échappent difficilement. Cette spécialisation est à la fois géographique et professionnelle. La répartition des universités sur l'ensemble du territoire ne permet pas au corps enseignant d'avoir une audience nationale. Aucun lieu ne peut passer pour l'équivalent intellectuel de Paris, les États-Unis n'ont pas de capitale culturelle évidente.

Les enseignants y sont pris par des obligations de travail beaucoup plus rigoureuses qu'en Europe. Aucune fonction hiérarchique n'est jamais définitivement acquise ; leur position universitaire est affectée chaque année par la qualité de leurs recherches et le nombre de leurs publications. La concurrence est rude pour les postes les plus élevés et les mieux rémunérés. Beaucoup de l'énergie des intellectuels américains s'investit dans cette lutte qui crée un climat de tension permanente, mais aussi une émulation entre universités et un niveau de publications sans équivalent. Le système universitaire est, au total, plus managérial que bureaucratique, et les résultats sont ceux que l'on peut en attendre : stress et efficacité.

Il reste ainsi peu de temps pour signer des pétitions, sauf en cas de crises morales particulièrement graves comme pendant la guerre du Vietnam ou les événements du Liban. Dans ce dernier cas, il s'agissait d'ailleurs essentiellement pour les universitaires juifs de se dédouaner vis-à-vis de leurs collègues en adoptant des positions anti-israéliennes. Même le mouvement pacifiste qui se développe aux États-Unis ne mobilise pas les intellectuels et reste l'affaire des classes moyennes et des Églises.

Dans ce contexte, l'agitation récente menée par un

petit groupe d'intellectuels dans le camp conservateur est un événement d'autant plus remarquable. Cette minorité très active présente aussi l'originalité de venir de la gauche : ses membres se définissent comme des « libéraux floués par la réalité[1] ». Les plus connus sont des économistes, comme Irving Kristol, directeur de la revue *Public Interest,* un économiste de Washington, Michael Novak, un écrivain new-yorkais, Norman Podhoretz, directeur de la revue *Commentary,* et George Gilder, l'auteur de *Richesse et pauvreté.*

Pourquoi rester pauvre et inconnu quand on peut devenir riche et célèbre ? Tel est le thème d'une autobiographie du succès — *Making it* (Réussir) —, de Norman Podhoretz, représentant l'aile juive du nouveau conservatisme. Ces penseurs du conservatisme sont donc devenus plus ou moins riches et célèbres. En tout cas, des fondations leur assurent un environnement propice à une méditation libre de toute inquiétude matérielle. Michael Novak, directeur de l'American Enterprise Institute à Washington, reconnaît que la principale activité de l'organisation qu'il préside, financée par des entreprises, consiste à lui permettre d'écrire ses livres et ses articles. Podhoretz, Kristol, Novak travaillent dans un environnement — bureau en teck, lambris, photos de famille, secrétaires et machines à café —, rigoureusement identique à celui des présidents des grandes sociétés qui les financent.

Derrière son bureau, Podhoretz, petit bonhomme plissé aux cheveux gris et aux yeux clairs, annonce lui-même qu'il a dix ans de moins qu'il ne paraît, la cinquantaine et pas la soixantaine. Cet ancien libéral, qui fut de tous les combats de la gauche dans les années 60,

1. L'expression américaine « *Liberals mugged by reality* » est beaucoup plus violente, mais difficile à traduire littéralement.

s'est converti sur le tard au conservatisme pour avoir rencontré en chemin « la réalité ». Comme Michaël Novak, son pendant catholique, Podhoretz a le sentiment d'avoir été floué par l'idéologie, manipulé par l'intelligentsia gauchiste et par Moscou. Avec la revue qu'il dirige, *Commentary*, confortablement logé par une fondation juive, l'American Jewish Committee, dans un bon quartier de Manhattan, Podhoretz est devenu important. Son antisoviétisme « primaire » et son soutien inconditionnel à Israël font aujourd'hui de lui l'un des intellectuels les plus haïs par ses pairs. Podhoretz paraît y trouver un certain plaisir et a échangé sa bonne réputation dans la république des lettres contre l'approbation de la majorité silencieuse. Ses prises de position dans le *New York Times* — dans un article intitulé « J'accuse », il a dénoncé, au moment de l'affaire du Liban, l'antisémitisme des médias américains — lui valent un abondant courrier de lecteurs.

A noter que dans ce pays largement protestant, les nouveaux maîtres à penser du conservatisme sont souvent juifs, comme Kristol et Podhoretz, ou catholiques, comme Novak. Le retournement de l'élite dynamique de la communauté juive en faveur du conservatisme est d'une importance décisive, compte tenu de son rôle-clé dans l'industrie des médias, à New York comme à Los Angeles. Traditionnellement à gauche, comme tous les immigrants récents — sans doute aussi parce que l'antisémitisme européen est de droite —, les intellectuels juifs ont commencé à lâcher la gauche quand celle-ci s'est éloignée du soutien à Israël et s'est mise à douter des vertus de la libre entreprise. Les Juifs ont à leur tour dénoncé les méthodes de l'ingénierie sociale lorsqu'elles se sont retournées contre eux. Une affaire particulièrement symbolique, dans cette coupure entre les Juifs et le libéralisme, fut le refus opposé à un étudiant appelé De Funes d'entrer à l'université de Seattle, alors qu'un Noir moins bien noté que lui prenait sa place au nom de l'*affirmative action,* c'est-à-dire de l'inégalité comme moyen d'aboutir à l'égalité, les étudiants noirs étant jugés selon des critères d'admission plus faibles que les Blancs. Situation d'autant plus intolérable pour la communauté intellectuelle juive qu'elle fut elle-même longtemps discriminée par les universités et qu'il y a seulement 20 ans, le quota des Juifs à Harvard, Princeton ou Yale était encore implicitement plafonné. L'affaire De Funes a ainsi rompu l'alliance des Juifs et des Noirs dans le combat pour les droits civils. Quant au vote juif, acquis pour 85 % à la gauche en 1968 (Humphrey contre Nixon), il s'est partagé pour moitié entre Carter et Reagan en 1980.

L'offensive des intellectuels conservateurs a précédé l'arrivée au pouvoir de Reagan et lui a apporté par la suite une caution tout à fait inattendue pour le moins intellectuel des présidents américains. Mais, dans le même temps, Reagan a témoigné d'un réel talent pour s'emparer de ces idées nouvelles, les assimiler, les populariser et donner une certaine cohérence philosophique à ses propres positions conservatrices.

Cette rencontre est aussi davantage qu'une coïncidence dans la mesure où ce groupe de dissidents a le sentiment de ne s'être coupé de l'intelligentsia que pour mieux se rapprocher des aspirations profondes de la population. Pour Michael Novak, c'est du peuple que montent les idées neuves : qu'il s'agisse du crime analysé comme résultat des pulsions mauvaises des individus et non plus comme responsabilité de la société, de la révolte antiétatique ou du nouveau patriotisme, la base a donné le ton et les intellectuels n'ont fait ensuite que théoriser.

Dans ce groupe, Podhoretz s'est réservé la politique

étrangère, et Michael Novak la critique du socialisme.

Podhoretz se définit comme un néo-nationaliste plutôt que comme un nouveau conservateur. C'est, selon lui, la première fois depuis un siècle que des intellectuels s'affirment nationalistes, pro-américains, gardiens de la civilisation, des valeurs occidentales et de l'ordre bourgeois. Il est convaincu que la menace soviétique est sérieuse et que la défense de l'Occident ne doit pas se cantonner dans une simple rhétorique. Il s'inquiète autant de la menace extérieure du communisme que de la démobilisation interne qui lui rappelle les années 30. Les discours pacifistes sur le désarmement, alimentés par la peur du nucléaire, ressemblent à ceux de cette époque, soutenus alors par la hantise des bombardements aériens. Hitler en profita, comme les Russes en profitent aujourd'hui. Pour Podhoretz, le mouvement pacifiste et l'évolution de la stratégie américaine — de la théorie de la représaille nucléaire massive à celle des représailles graduées — ne sont que la couverture moralisatrice de l'isolationnisme, voire du défaitisme, qui pourrait conduire à un « Vichysme rouge ». Il est spécialement inquiet du déclin de l'anticommunisme au sein de l'Église catholique et dans les syndicats ouvriers. Les syndicats américains ont longtemps été à la pointe du combat contre le communisme, mais, aujourd'hui, seuls leurs dirigeants les plus anciens seraient encore conscients du danger, tandis que leur base se démobilise. Bien entendu, le discours de Podhoretz contre les intellectuels de gauche européens est sévère : il se plaît à rappeler le mot de Lénine pour qui les capitalistes vendraient aux Soviétiques la corde qui servirait à les pendre. Seuls Raymond Aron et Jean-François Revel, en France, lui paraissent lucides et fermes.

La critique du socialisme pour Michael Novak, y

compris de sa version libérale aux États-Unis, est fortement marquée par la formation théologique de l'auteur. Le socialisme ne serait rien d'autre qu'une nostalgie de la communauté médiévale et un besoin d'autorité tournés vers le passé. En revanche, c'est l'instinct de liberté qui a conduit les hommes dans les villes et y a suscité conjointement l'initiative économique et la démocratie politique. Les deux sont par conséquent indissociables, et le contrat social qui gouverne l'Amérique en est l'expression la plus pure. Capitalisme = démocratie = prospérité = modernité. Par contre, socialisme = pauvreté = domination = archaïsme. Pour Novak, le capitalisme n'est pas loin de dégager de surcroît une odeur de sainteté, puisqu'il repose sur une trinité qui tient dans la distinction du politique, du culturel et de l'économique. Là encore, c'est aux États-Unis que, dès l'origine, l'importance de cette séparation a été soulignée par Jefferson et Hamilton.

Les pères fondateurs de la démocratie américaine avaient compris que l'Amérique devait reposer sur une idée, et une idée trinitaire : un État actif (nécessité de créer une fédération), une économie libre (clé de la démocratie politique selon Hamilton), et un système moral indépendant (séparation de l'Église et de l'État, universités et presse libres). Cependant, jusqu'à aujourd'hui le « capitalisme démocratique », comme l'appelle Novak, n'avait jamais été présenté comme une idéologie. Les Américains se méfient des idéologies pour des raisons historiques : elles leur rappellent les guerres de religion, qui furent à l'origine de l'émigration européenne vers les États-Unis. D'où cette tendance durable, depuis trois siècles, à poser les problèmes en termes mécaniques et opérationnels. Cette neutralité s'avère désormais périlleuse. Michael Novak, qui a représenté les États-Unis à la commission des droits de l'homme de l'O.N.U., reconnaît être peu suivi lorsqu'il explique que hors du judéo-christianisme, fondement du capitalisme démocratique, il n'y a point de salut pour les libertés individuelles. Mais il est persuadé que le capitalisme doit devenir idéologique s'il ne veut pas perdre son moral et sa morale. Dans *l'Esprit du capitalisme démocratique*, Michael Novak écrit : « Avec la naissance du capitalisme, un rêve mondial de justice est entré dans le monde. Chaque nation, sans exception, a été appelée à développer ses propres ressources. Les hommes n'avaient plus à répondre par la résignation passive à la pauvreté, à la famine, au désespoir. Le capitalisme démocratique avait découvert le secret de la croissance économique ». Le capitalisme lui-même est une morale qui repose sur les vertus de l'épargne, du respect de la parole donnée, de l'esprit d'équipe, de l'honnêteté en affaires. La morale pour Michael Novak, est en fait, le fondement du capitalisme démocratique, de plus indissociable de l'efficacité économique. De même, pour George Gilder, le capitalisme repose sur le risque et le don, et non pas sur le profit, contrairement à ce qu'en disent les classiques[2].

Novak, philosophe catholique, rejoint ainsi les analyses traditionnelles protestantes des origines du capitalisme. Ancien libéral comme Podhoretz et comme Kristol, il reconnaît avoir rencontré l'économie sur son chemin de Damas. La lecture d'Adam Smith, de Ricardo et de Keynes lui a ouvert les yeux et l'a fait changer de camp, de même, semble-t-il que la sainte terreur que lui inspirèrent les révoltes universitaires de 1968. Novak

2. Dans la communauté juive, le rabbin Siegel, professeur de morale à l'Institut de théologie de New York, poursuit une démarche parallèle à celle de Nowak : à partir de l'analyse de l'Ancien Testament, il démontre l'alliance nécessaire entre le judaïsme et la libre entreprise.

s'emploie à ramener la hiérarchie catholique qui, aux États-Unis comme ailleurs, penche à gauche, vers le conservatisme, grâce à ses livres, à ses conférences et, surtout, aux enseignements qu'il patronne. Ainsi, l'université du Colorado, à son initiative, dispense-t-elle des cours d'économie à des prêtres pour les sauver de la tentation socialiste. Une expérience similaire, à l'université Emory d'Atlanta, a été organisée par le professeur Henry Manne à l'intention des magistrats fédéraux et pour les mêmes raisons. Un prêtre ou un juge qui connaissent les rouages de l'économie ne sauraient à l'avenir être libéraux.

Ce discours a naturellement rapproché les intellectuels conservateurs du pouvoir politique, ce qui est à peu près sans précédent aux États-Unis. Même à la Maison-Blanche du temps de John Kennedy, on ne rencontra jamais qu'une poignée d'universitaires. Les deux mondes généralement s'ignorent. Ce n'est plus tout à fait le cas aujourd'hui. Reagan téléphone à Podhoretz, ce qui fait de toute évidence plaisir à cet enfant de Brooklyn ; Novak a affiché dans son bureau des photos le représentant avec Jean-Paul II et Ronald Reagan.

Les intellectuels américains sont en passe d'être fascinés par le pouvoir, à l'instar de leurs collègues européens. Cependant, leur démarche reste fondamentalement différente par l'optimisme qui l'anime. Il y a un problème moral ? on peut le résoudre. Il y a un problème économique ? on peut trouver des solutions. La résolution des problèmes — *problem solving* —, quitte à en évacuer la complexité, est la clé du raisonnement de ce côté-ci de l'Atlantique.

Le fonctionnement de cette communauté intellectuelle est également très original, car il s'est inséré dans le système managérial, dans le mode de production capitaliste qui, désormais, s'applique aux idées comme aux objets. Kristol et Podhoretz dirigent chacun une revue et sont en fait subventionnés par leurs maisons d'édition ou par des fondations privées. *Commentary* mène aujourd'hui à la pointe du combat conservateur une existence indépendante de ses origines confessionnelles. Nowak est confortablement abrité par la Fondation de l'American Enterprise Institute.

Dans *Making it,* Podhoretz raconte comment, à 35 ans, il découvrit que l'argent était important, le pouvoir désirable et la célébrité délicieuse. Son livre retrace la découverte de ces vérités élémentaires au terme d'un long combat contre une certaine culture de gauche qui a le culte de l'échec et identifie la qualité à l'obscurité. De même que, pour l'entreprise, le profit est signe de réussite, de même, pour les produits de l'intelligence, l'approbation du public est la seule reconnaissance qui vaille. Pour Podhoretz, l'esprit américain peut être défini par cette contradiction entre le respect du succès propagé par la culture de masse et le mépris du succès entretenu par la littérature. Le néo-conservatisme de Podhoretz est donc aussi un néo-populisme ; les intellectuels de droite vont vers le peuple qui, dans ses profondeurs, est plus sain que l'intelligentsia et sait mieux ce qui est bon pour l'Amérique.

A l'opposé d'un autre écrivain juif, Norman Mailer, qui avait couvert de boue le rêve américain, Podhoretz rallie les intellectuels à ceux qui souhaitent le restaurer. Il les invite à rejeter en eux l'individualiste torturé, souvent new-yorkais, juif et psychanalysé, qui a longtemps été l'archétype de la culture américaine, pour rejoindre le camp des riches et des puissants. L'expression populaire des premiers est évidemment Woody Allen ; celle des seconds, la famille Ewing dans le feuilleton *Dallas.* Le succès de Dallas n'est pas accidentel. Les Ewing — aux antipodes géographiques et culturels d'un Woody

Allen — cultivent le succès, la puissance, l'entreprise et l'esprit de famille. Dans l'Amérique profonde qui est une Amérique à droite, J.R. Ewing a écrasé Woody Allen.

8.

Le management au service de la révolution conservatrice

La gauche, aux États-Unis, n'a jamais hésité à mobiliser l'argent au service de l'idéologie et de la politique. Des grosses fortunes s'investissent dans le parti démocrate. John Kennedy et Nelson Rockefeller se sont situés à gauche de leur propre parti. Les campagnes de la gauche ont été financées largement depuis 1932 par les syndicats ouvriers qui créent des PAC, les *Political Action Committees,* afin de mener, conformément à la loi, des campagnes prétendûment indépendantes en faveur des candidats qu'ils soutiennent.

Sur ce terrain aussi, les années récentes sont celles d'un retournement. Les bases financières du parti démocrate et des syndicats, liées à l'industrie du Nord-Est, s'effondrent. En revanche, le Sud-Ouest, autrefois pauvre, désormais en pleine prospérité, finance les conservateurs. Les pétroliers du Texas et de l'Oklahoma, très favorables à la libre entreprise qui a fait leur fortune en une génération, auraient à eux seuls financé le tiers de la campagne de Reagan en 1980. La gauche est en train de perdre la course au financement des campagnes électorales : 64 millions de dollars pour les Républicains, 14 pour les Démocrates en 1980...

Les libéraux avaient pressenti ce revirement, dès 1974, en réglementant l'usage de l'argent en politique. Le financement des campagnes présidentielles est devenu public ; chaque citoyen peut indiquer sur sa feuille d'impôts s'il accepte qu'un dollar soit prélevé à cette fin sur ses revenus. Mais cette restriction ne s'applique pas aux autres consultations. Les candidats peuvent dépenser autant qu'ils le souhaitent ou le peuvent, à condition de publier le détail de leurs ressources, leur origine et leur utilisation. Cette comptabilité est rigoureusement contrôlée par une commission fédérale, la justice et la presse. La chaîne de télévision ABC a ainsi dénoncé un député de Californie pour avoir utilisé 1 200 $ des fonds de sa campagne à habiller son épouse. Celui-ci a justifié sa dépense en expliquant que la présence à ses côtés d'une femme élégante était sans doute son principal atout électoral...

La loi de 1974 définit également le montant maximum qu'une personne (1 000 $) ou une entreprise (5 000 $) peut allouer à un candidat. Toute cette réglementation voulue par les libéraux pour se protéger s'est, en fait, retournée contre eux. Rien n'interdit en effet à un candidat de dépenser sa fortune personnelle. Une nouvelle génération de patrons, beaucoup plus concernés par le combat contre la gauche depuis qu'il a pris un tour idéologique et s'est identifié à la défense de la libre entreprise, s'est lancée dans la lutte électorale. C'est une innovation dans un pays où les hommes d'affaires nourrissent généralement un solide mépris envers les politiciens. On a ainsi vu en 1982 un inconnu, Lewis Lehrman, propriétaire d'une chaîne de drugstores, dépenser 11 millions de dollars, dont 8 prélevés sur sa fortune personnelle, pour tenter de prendre le poste de gouverneur de l'État de New York à un démocrate. Autre conséquence de cette règlementation qui s'est révélée encore plus néfaste pour la gauche : le plafond fixé à chaque contribution individuelle oblige à multiplier les sources de financement. La seule solution consiste à recourir aux techniques de la publicité directe (mailing), qui représente aujourd'hui 70 % des ressources des candidats républicains. Or le résultat de ce courrier personnalisé est d'autant plus fécond qu'il fait appel à des réactions émotives à propos d'enjeux spécifiques comme l'avortement, la légitime défense, le rétablissement des prières dans les écoles publiques.

L'obligation de trouver directement des fonds auprès du public favorise ainsi les groupes les plus extrémistes de la droite, dont l'influence électorale devient déterminante même si leurs effectifs sont modestes. La gauche ne dispose pas des fichiers qui lui permettraient de se lancer dans ce type d'opérations, n'a pas de thèmes aussi facilement exploitables dans ce genre de communication directe, et ne bénéficie pas d'une clientèle de masse disposée à donner aussi facilement : les ouvriers sont déjà lourdement taxés par les syndicats, les écologistes sont pauvres, le corps enseignant aussi.

La droite, elle, a compris tout le parti qu'elle pouvait tirer des PAC. Ces comités ont dépensé 55 millions de dollars pour les élections de novembre 1982, « indépendamment » des candidats qu'ils ont soutenus. L'Union des travailleurs de l'automobile, à elle seule, a dépensé 14 millions de dollars en faveur des candidats de l'État du Michigan. La gauche n'est donc pas absente des PAC, mais, dorénavant, par leur nature même, les PAC penchent plutôt à droite. Ils recouvrent les intérêts des grandes entreprises et des professions indépendantes qui se sentent menacées par le libéralisme et sont fortement attirées par l'alternative combative que leur propose une droite musclée. Il suffit de constater que les PAC les plus importants sont ceux des promoteurs immobiliers, des fermiers producteurs de lait, des médecins, pour deviner où vont en fin de compte leurs préférences politiques.

La droite, favorisée par les nouveaux circuits de collecte du financement des campagnes, l'est aussi par l'évolution technique de ces campagnes. Tout passe désormais par la publicité, l'affichage, les annonces dans la presse et surtout la télévision : le porte-à-porte, les réunions, le contact direct avec l'électeur ont à peu près disparu. Les bénévoles ont cédé la place aux professionnels de la communication. Cette médiatisation est évidemment très coûteuse : 2 millions de dollars en moyenne en 1982 pour une campagne sénatoriale ou législative. Pour un juge — c'est le meilleur marché —, il faut au moins 30 000 dollars. Les coûts sont d'autant plus élevés que les électeurs sont difficiles à mobiliser, assez indifférents ou désorientés par le nombre de postes à pourvoir au cours d'une même consultation électorale : député, sénateur, gouverneur, juge, shérif, sans compter de nombreux emplois tenus en Europe par des fonctionnaires.

Les électeurs ne peuvent connaître tous les candidats, ni même quelle fonction ils briguent, surtout lorsqu'il s'agit de postes relativement obscurs. Le choix se fait alors selon des critères fantaisistes, comme le nom du candidat qui « rappelle quelque chose ». Ainsi, à Detroit, le fait de s'appeler Murphy, O'Brien ou Kaufman est un atout déterminant pour se faire élire juge, parce qu'au début du siècle, des juges célèbres portaient ces mêmes noms. Cinq Kaufman s'y sont succédé depuis cinquante ans, sans autre point commun que ce patronyme assez courant et qui disait quelque chose à l'électeur.

Les techniques de communication, spots télévisés en particulier, ne permettent guère de faire passer un message idéologique, une approche globale des problèmes de société. En revanche, ils favorisent l'émotion, les personnalités, les réponses simples à des questions compliquées — domaines où les conservateurs sont devenus excellents. La brièveté du message télévisé favorise aussi l'attaque sur la défense, et privilégie l'agressivité de la droite contre l'*Establishment* qui se trouve bien souvent du côté libéral. Cette déstabilisation de la Nouvelle Classe passe par ce que l'on appelle la publicité négative.

Le grand spécialiste en est Terry Dolan, jeune organisateur de campagnes électorales qui a créé, avec le soutien de Viguerie, le NCPAC, le Comité pour un nouveau Congrès conservateur. Il choisit ses victimes en fonction de leur poids symbolique dans le mouvement libéral, autant que pour faire passer leur adversaire. Pour ne pas être accusé de diffamation devant les tribunaux, Dolan, dans ses spots télévisés ou ses mailings, se « contente » de présenter le bilan législatif du sénateur ou du député sortant. En fait, par une habile sélection des scrutins et par des rapprochements, on pourra ainsi démontrer que le parlementaire n'a cessé de se contredire — ce qui est souvent exact — ou de trahir les intérêts de sa circonscription. Parmi les astuces les plus classiques, on ne retiendra dans le budget voté en bloc par le Parlement qu'un ou deux articles, par exemple l'aide à tel pays du tiers-monde, et la campagne dira : « Votre sénateur a accordé 10 millions de dollars au Bangla-Desh, mais qu'a-t-il fait pour le Nebraska ? » Dolan prétend faire de l'instruction civique et, à l'adresse de ceux qui s'indignent du rôle de l'argent dans la politique, il observe que son budget ne représente que 1 % de celui de McDonald ou de n'importe quelle nourriture pour chiens, et que les Américains méritent bien d'être informés sur leurs politiciens au moins autant que sur la qualité des hamburgers qu'on leur sert.

Autre exemple de publicité négative, utilisée cette fois par la gauche à la télévision : une girouette où est inscrit le nom du candidat sortant, Margaret Heckler, député du Massachussetts, tourne sur l'écran avec pour seul commentaire, énoncé d'une voix neutre, une série de votes contradictoires que l'on se garde bien de replacer dans leur contexte et leur chronologie.

L'irruption des méthodes du marketing, des PAC, de l'argent, achève de tuer le système des partis. Ceux-ci ne contribuent plus que pour 5 % en moyenne aux dépenses de leurs candidats. Ces candidats, pendant la campagne comme après leur élection, jouent donc leur carte personnelle et se font avant tout les porte-parole de la fraction marginale de l'électorat flottant qui aura assuré leur victoire.

En effet, les spécialistes en marketing politique, à qui le candidat s'en remettra totalement, orienteront toute la campagne non sur la masse des électeurs acquis d'avance dans un sens ou dans l'autre, mais sur ceux dont les intérêts bien compris peuvent décider du résultat de l'élection. L'important, ce sont les sondages, les thèmes de campagne qui en sortiront, la fraction des électeurs sur qui concentrer le tir.

Au total, quand on parcourt les États-Unis en période électorale, rien n'est plus frappant pour un Européen que la personnalisation de chaque campagne, l'absence totale de références idéologiques et d'adhésion claire à un parti.

Chaque candidat, toutes tendances confondues, se présente comme le meilleur défenseur d'intérêts bien particuliers. A la limite, certains choisissent les thèmes de leur campagne de manière à attirer l'attention des PAC professionnels et à obtenir leur soutien financier.

En 1982, des candidats de circonscriptions urbaines se sont déclarés prêts à défendre les intérêts des producteurs de lait uniquement pour obtenir quelques subsides de ce PAC très riche. Cette absence d'idéologie et de rigueur partisane donne à la vie parlementaire un ton très différent de ce que nous connaissons en Europe. Les parlementaires, très autonomes, élus pour deux ans seulement à la Chambre des Représentants, se mêlent de très près à la réglementation administrative. La discipline de vote est pour ainsi dire inconnue, les scrutins imprévisibles, le Parlement tout-puissant. Nul ne s'étonnera que le représentant d'une région de producteurs de tabac obtienne, de ses confrères, à charge de revanche[1], quelques avantages fiscaux ou réglementaires qui viendront creuser un peu plus le déficit de l'État — déficit qu'il dénoncera par ailleurs dans un discours de politique générale. Dans l'hypothèse où l'honorable parlementaire oublierait ses dettes morales, les représentants des PAC ou de la profession à Washington sauraient les lui rappeler. C'est le métier des *lobbysts* (lobby = couloir) qui font partie du paysage politique de la capitale fédérale.

Ce grand jeu de l'argent et de la politique ne soulève pas de protestations considérables en dehors de quelques associations de citoyens comme *Common Cause*, qui est aussi à sa façon un lobby. Bien que la droite en profite actuellement plus que la gauche, celle-ci se garde de dénoncer un système qui l'a beaucoup servie durant cinquante ans. La réaction des démocrates, y compris dans les milieux syndicaux, consiste plutôt à

1. Cet échange des voix, tradition parlementaire américaine, s'appelle le *log rolling* par référence historique à la construction des maisons en rondins pour laquelle les voisins s'entraidaient. Les avantages obtenus pour la circonscription sont le *pork barelling* : la livraison du lard en fût...

s'organiser sur le même modèle que les conservateurs, en développant à leur tour un démarchage spécifique des électeurs par centres d'intérêts. Le syndicat de l'automobile à Detroit est ainsi en train de constituer des fichiers informatiques en s'inspirant ouvertement des méthodes de Richard Viguerie.

La gauche a pris du retard dans cette maîtrise des techniques de communication. Elle cède également du terrain dans l'appareil de production idéologique, les Fondations[2] qu'elle a dominées pendant un demi-siècle. Les conservateurs, sans doute par méfiance envers les intellectuels, n'ont compris que récemment le rôle que pouvaient jouer ces Fondations dans la reconquête culturelle de l'opinion. Rien encore n'est comparable à droite aux grandes « pompes à idées » (*think tanks*) comme Carnegie, Brookings, Rockefeller, qui alimentent depuis cinquante ans les réflexions du libéralisme. Mais, à défaut de moyens considérables, la droite a l'esprit de méthode et aucun complexe. Elle utilise au service de la production des idées les techniques managériales de la libre entreprise.

Les conservateurs sont persuadés que ce qui a été bon pour faire des États-Unis le pays le plus prospère du monde vaut aussi bien pour le ramener au bon sens, ce que la Nouvelle Droite appelle le retour à la normale, aux valeurs de base (*back to basics*).

La grande « pompe à idées » du nouveau conservatisme est aujourd'hui la Fondation Heritage. Installée dans une modeste maison victorienne à la façade de briques curieusement peinte en jaune et en bleu, Heri-

2. Financées par les entreprises ou les particuliers sur des fonds déductibles du bénéfice imposable, les Fondations peuvent se livrer à toutes activités culturelles, sociales et artistiques de leur choix, à la seule condition de ne pas distribuer de profits.

tage est financée par un producteur de bière du Colorado, John Coors. Son président, Edwin Feulner, a plus l'allure d'un patron que d'un intellectuel et il a décoré son bureau d'assez de drapeaux, d'emblèmes et de photos de Ronald Reagan pour que ses visiteurs n'aient aucun doute sur ses préférences politiques. Son ambition est simple : donner une idéologie à la droite, sans aucun désir de l'exporter. Les conservateurs américains sont dans l'ensemble assez peu cosmopolites. Feulner emploie quarante chercheurs recrutés à la sortie des universités les plus brillantes. Ils passeront généralement 18 mois à la Fondation, avec un salaire annuel de 18 000 $, pour essaimer ensuite dans les entreprises privées. Le principe de Feulner est qu'à chaque problème, il y a une réponse conservatrice.

Feulner ne s'abandonne pas à des réflexions générales sur l'avenir de l'Amérique. Il produit des réponses précises à des questions précises, destinées à un public particulier au moment où celui-ci en a besoin. Ainsi, lorsqu'un débat s'annonce au Congrès, la Heritage Foundation va-t-elle fournir une note de synthèse à chaque parlementaire conservateur pour intervenir en commission, une autre pour parler à la tribune, une troisième à remettre à la presse. Son assistant recevra dans le même temps un document plus détaillé, voire un dossier résumant l'ensemble du problème et les positions de l'adversaire. Pour plus de sécurité, ces divers documents seront adressés aux adresses professionnelles et personnelles des destinataires. L'ensemble du dispositif est un modèle d'efficacité dont les résultats sont impressionnants. Sur 1 000 propositions formulées au début du mandat de Reagan, 640 ont déjà fait l'objet, en deux ans, d'une loi ou d'un règlement — ou, plutôt, d'une suppression de règlement...

La méthode de Heritage est révélatrice de la manière

dont les idées conservatrices sont désormais produites et injectées dans le circuit politique. Comme pour la création de nouveaux médias, la mobilisation des PAC et des intellectuels, les Fondations de droite sont au service d'une stratégie de reconquête culturelle qui est une des raisons profondes de la remontée en puissance du conservatisme comme force politique. La droite américaine ne s'est pas contentée d'attendre on ne sait quel échec de la gauche et son retour mécanique au pouvoir. Bien au contraire, en utilisant les moyens les plus modernes de la communication et les principes d'efficacité de la libre entreprise, elle a *organisé l'alternance.*

Le caractère automatique de l'alternance en politique est une explication trop simpliste du chassé-croisé entre droite et gauche dans les démocraties occidentales. L'image du pendule appliquée au mouvement des sociétés est à peu près aussi surannée que des lois physiques qui ne tiendraient pas compte de la théorie de la relativité. Il suffit de régler l'objectif pour constater que la droite qui succède à la gauche aux États-Unis n'est pas la même que celle qui avait été précédemment évincée du pouvoir. *Ce ne sont jamais les mêmes conservateurs qui succèdent aux mêmes progressistes.* Le mouvement est certes pendulaire, mais, en même temps, il se déplace dans l'espace et, quelquefois, tourne sur lui-même. Bien plus, avec le recul de l'histoire, certaines alternances se révèlent être d'étranges continuités. Le remplacement d'un président des États-Unis démocrate par un président républicain — et vice versa — entre 1934 et 1980 n'a révélé en définitive aucune rupture. Pendant toute cette période, rien ne s'est modifié dans la dynamique de la société américaine : croissance de l'État, centralisation, recherche de la sécurité économique, montée en puissance de la bureaucratie publique, progrès des idées libérales, sécularisation de la société.

1980 marque un retournement, moins par suite de l'élection de Ronald Reagan que par l'émergence d'une nouvelle dynamique : le néo-conservatisme. La droite ne revient pas au pouvoir parce que la gauche serait allée trop loin et qu'il lui aurait suffi d'attendre, mais parce qu'un nouveau modèle de société s'est imposé. Ce retour de la droite n'est pas une restauration, mais une invention. Une progression et non pas une réaction, si l'on veut bien admettre que le progrès n'est pas nécessairement à gauche. Les composantes de cette nouvelle droite sont certes ancrées dans une certaine re-création du passé : toute philosophie entretient son mythe de l'âge d'or. Mais ils sont également indissociables d'une extrême modernité. *Sans fichier informatique, sans câbles, sans satellite, le néo-conservatisme américain disparaîtrait.* A cet égard, cette droite-là est beaucoup plus de son temps — et d'avenir — que ne l'est la gauche.

La gauche libérale avait lié son destin à l'ère des masses. Elle apportait une explication philosophique du rôle des masses dans l'histoire, elle gérait une économie de production de masse, fondait son pouvoir politique sur des organisations de masse et des moyens de communication de masse. Aux exigences particulières des individus, elle n'apportait que des solutions globales. Elle misait enfin sur une angoisse profonde de la personne humaine à l'ère des masses : la peur de l'insécurité servant à justifier l'État-providence.

Mais l'Amérique sort la première de cette ère. Les mass médias sont concurrencés par l'explosion des communications, les grandes entreprises remplacées par des petites, la ville désertée pour l'habitat isolé, les organisations de masse (syndicats, partis) disloqués par des groupes d'intérêts particuliers ; l'appartenance même à la masse cède devant le retour aux cultures ethniques. C'est la grande renaissance de l'individualisme qui génère sans aucun doute, lui aussi, une autre forme d'angoisse. Mais la réponse conservatrice n'est plus l'État-providence : c'est la morale, la religion, la famille ou le goût du risque.

On n'en déduira pas que la révolution socio-économique de l'Amérique nouvelle a provoqué sa mutation idéologique. Il n'y a dans ce schéma aucune nécessité. Constatons seulement que ce néo-conservatisme est totalement de notre temps. Parce qu'il n'y a pas eu nécessité, le néo-conservatisme pouvait aussi bien disparaître que prospérer, tout comme il peut s'étendre au reste du monde ou se cantonner dans ses frontières. C'est la volonté qui a créé la nécessité. Sans cette volonté, il ne se serait rien passé : pour quarante ans encore, le libéralisme aurait manipulé la société civile, des politiciens républicains auraient attendu que des politiciens démocrates leur laissent la place pour faire de toute manière la même politique.

Si la droite américaine a compris que *les combats politiques se perdent ou se gagnent sur le terrain des idées,* il ne faut pas en conclure pour autant que cette reconquête est le résultat d'une stratégie d'ensemble. Tout au contraire, il n'y a pas eu de chef d'orchestre unique, mais plutôt une multitude d'interprètes qui ont joué le même air. Les hommes politiques, encore une fois, ont accompagné le mouvement plus qu'ils ne l'ont précédé. Ce mouvement est parti de la base, d'une vie associative et congrégative intense, d'une extraordinaire vitalité démocratique et religieuse du peuple américain. Pour les conservateurs, les idées viennent du peuple, et le peuple américain est spontanément conservateur.

TROISIÈME PARTIE

La révolte populiste

9.

Le réveil religieux de l'Amérique profonde

Une petite ville à l'échelle américaine, — 75 000 habitants —, Lynchburg, en Virginie, n'a conservé de son charme sudiste que quelques maisons de bois à la peinture écaillée, à la véranda branlante, habitées en majorité par les Noirs. Les monuments de Lynchburg, ce sont ses temples et ses églises, mélange d'architecture coloniale et de péristyles corinthiens. Seule l'enseigne extérieure, lumineuse, permet de distinguer épiscopaliens, méthodistes, saints du dernier jour, luthériens et autres sectes.

Mais le temple baptiste Saint-Thomas domine l'ensemble par ses proportions : Panthéon rose et blanc à l'extérieur, bleu de l'intérieur, un amphithéâtre circulaire avec bancs, moquette, lustres et sonorisation. L'aménagement rappelle plus une salle de congrès que nos propres églises. Le ton qui y règne aussi.

Tocqueville avait noté le goût des Américains pour les vastes conventions qui restent une dominante de la vie sociale américaine. Le rituel de Saint-Thomas, à cet égard, n'est pas différent de celui des assemblées de n'importe quelle profession. Les églises américaines sont d'ailleurs organisées comme des entreprises : autonomie financière alimentée par des campagnes de collecte de fonds *(fund raising)* auprès des membres, techniques de marketing appliquées à l'esprit de mission, utilisation des médias, conquête de marchés.

Ce modèle managérial qui imprègne toute la vie américaine inclut évidemment la vie religieuse. Et, à la tête de Saint-Thomas, le Dr Jerry Falwell est le plus grand des managers religieux du moment.

Saint-Thomas est aujourd'hui une congrégation protestante de 25 000 fidèles, et son budget annuel dépasse 30 millions de dollars. En plus de ses missions religieuses, elle administre une école primaire et un collège dont l'ambition consiste à développer le « caractère chrétien » des élèves, à enseigner la discipline et la soumission à l'autorité dans un régime de caserne.

Aucun nom ne provoque de réactions aussi violentes et contradictoires que Falwell. Aller chez lui à Lynchburg, c'est, pour la gauche américaine, pactiser avec le diable.

Jimmy Carter, qui appartient à la même Église baptiste, se défend dans ses *Mémoires* de l'avoir jamais rencontré à la Maison-Blanche. Falwell prétend au contraire, y avoir été reçu et aurait reproché au président Carter d'employer des homosexuels dans son Cabinet. L'homosexualité occupe une grande place dans le discours de Falwell, de même que les maladies vénériennes.

Et pourtant, Falwell a l'air bonhomme, certainement moins sulfureux que l'image qu'en diffusent la gauche et les médias. Costaud, trapu, la cinquantaine, ancien joueur de football américain qui a failli passer professionnel, tour à tour violent et bourru, costume trois-pièces et cravate unie, Jerry, comme on dit dans son entourage, porte à la boutonnière l'insigne de la secte : deux pieds dorés aux orteils en éventail, les empreintes du Christ. Son comportement et son emploi du temps sont ceux d'un grand patron davantage que d'un prédicateur. Le discours, cependant, est émaillé de références bibliques. Falwell a réponse à tout, parce que la Bible a réponse à tout [1]. Le socialisme, c'est être esclave en Égypte. La libre initiative est inscrite dans les textes sacrés. Les Juifs faisaient du commerce, donc le capitalisme est sacré. L'entourage de Falwell est parfaitement technocratique et témoigne d'une étrange combinaison de ferveur religieuse et d'efficacité managériale.

Ses équipiers, tous de bonne formation universitaire, costume trois-pièces et pieds-du-Christ, protègent Jerry des solliciteurs, sélectionnent les rendez-vous, filtrent les journalistes et parlent plus de médias que de religion. Le patron doit-il ou non participer à un débat télévisé en direct à 23 h 30 à Detroit ? Oui, parce que des extraits en seront peut-être repris, le lendemain matin, aux actualités de 8 heures dont l'écoute est nationale.

L'ambition de ce grand manager-prédicateur est de restaurer la santé civique de l'Amérique. En 1979, Jerry Falwell a fondé la Majorité morale qui, en quelques mois, a connu un formidable succès et occupe aujourd'hui la place peu disputée certes, mais vaste et vacante, de l'extrême droite politique combinée à l'intégrisme religieux.

Sans doute, la demande était-elle forte : le public des sermons de Lynchburg est immense, enthousiaste, jeune, bien habillé et blanc. Le programme de la Majorité morale est à la portée de tous : contre l'avortement,

1. Falwell est un fondamentaliste. Le Fondamentalisme interprète la Bible littéralement ; il domine le mouvement évangélique qui comprend les Églises baptiste, méthodiste, épiscopalienne. L'évangélisme protestant est devenu en fait une troisième force du christianisme, entre le catholicisme et le protestantisme classique.

contre la reconnaissance des couples homosexuels, contre la drogue, contre la pornographie et pour une défense nationale puissante.

L'interprétation de gauche du succès de Falwell consiste à le considérer comme le rempart des classes moyennes de province contre la perte d'influence et de richesse engendrée par la crise économique et les revendications égalitaires de toutes les minorités, à commencer bien sûr par les Noirs.

Telle est bien l'impression que laisse l'assistance de Saint-Thomas, mais l'écho rencontré par la Majorité morale ne s'expliquerait pas si elle ne rejoignait une profonde et ancienne tradition américaine et les préoccupations véritables d'une grande partie de la population. En vérité, l'Amérique toute entière, à commencer par sa jeunesse, est parcourue d'un immense frisson religieux.

C'est la jeunesse qui, en masse, afflue tous les mercredis soirs vers Saint-Thomas sur le coup de 19 h 30. Collégiens en cravate et jeunes filles élégantes pour la circonstance s'y rendent sans ironie apparente, sans ferveur excessive, plutôt naturellement. Un ou deux Noirs peut-être dans une foule blanche, en dépit des allégations de Falwell sur l'unité raciale de son église[2]. Que faire d'autre à Lynchburg un mercredi soir ? Le service, mi-religieux mi-profane, s'ouvre par des hymnes du Sud accompagnés à l'orgue électrique. Cette soirée est particulièrement dédiée aux missions dans le tiers monde : des pasteurs viennent témoigner en chaire de leur lutte contre l'athéisme et le communisme aux quatre coins de la planète. Pour eux, l'idéal américain est

2. Il convient cependant de noter que toute connotation raciste ou antisémite a disparu du Fondamentalisme protestant, en tout cas chez les prédicateurs, ce qui est un retournement important par rapport à il y a seulement vingt ans.

inséparable de la foi religieuse qu'ils s'emploient à transmettre.

Une missionnaire philippine chante la gloire du sacrifice — en anglais — en s'accompagnant à la guitare électrique. On s'attend à ce que la foule applaudisse. Falwell dit seulement : *Amen*, repris par la salle. Les retardataires sont conduits par des « placeurs » pour s'installer dans les travées. Falwell ne prend la parole que pour des requêtes concrètes : qui est volontaire pour accueillir des familles baptistes de passage, qui veut financer l'acquisition de 100 000 bibles pour la Tanzanie ? A ses côtés, une interprète traduit à l'intention des sourds. Tout est prétexte à quête : le tronc, une grosse bassine de cuivre, passe et repasse. Chacun donne au minimum un dollar.

Entre les hymnes, les témoignages, les appels de Falwell, un pasteur indique la numérotation d'un verset évangélique et le lit une première fois. La salle reprend ensuite la lecture de ce verset à haute voix, cinq fois, dix fois, juqu'aux limites de l'hallucination collective.

On prie en silence pour les morts et ceux qui souffrent. Une liste de noms est distribuée, sur laquelle les fidèles, par groupes de trois, opèrent leur choix. Ces groupes s'agenouillent ensuite dans les travées pour se recueillir.

Tout le service, qui dure trois heures, est filmé ; des extraits serviront à l'édification des convertis à l'étranger et sur les chaînes de télévision chrétiennes des États-Unis.

Les baptistes de Lynchburg ne sont pas des marginaux. Ils constituent, au contraire, la fraction croissante et la plus dynamique du christianisme américain. Leurs mobiles ? La conviction et la protestation.

Cal Thomas, ancien journaliste, devenu le porte-parole de Falwell, est habile. Il évoque ces millions de familles américaines qui ne divorcent pas, vont à la messe, élèvent leurs enfants et croient dans les vertus morales élémentaires du judéo-christianisme. Or, selon Cal Thomas, ces familles-là n'ont plus droit de cité. Les écrans de télévision et de cinéma sont envahis par la pornographie, interdisant les spectacles et les sorties familiales.

Dans l'Amérique libérale, selon Falwell, les marginaux ont seuls le droit à la parole. Les minorités sexuelles ne sont pas seulement tolérées, elles sont surprotégées et hyper-représentées. L'avortement est encouragé. La tradition américaine de la prière collective dans les écoles publiques est bannie. L'enseignement du créationisme biblique est interdit au nom du darwinisme.

Falwell demande donc — seulement — le rétablissement de l'égalité des droits, au nom de la Constitution des États-Unis, entre les bien-pensants et les mal-pensants. La Majorité morale ne s'oppose pas à l'homosexualité, elle demande seulement que celle-ci réintègre la sphère de la vie privée. Elle n'exige pas l'épuration des bibliothèques des écoles — entreprise, au nom de la Bible, par certaines associations de parents en Virginie, au Dakota, au Texas —, mais demande que les vies des saints figurent sur les rayons au même titre que les très diaboliques (et juifs) Saul Bellow et Bernard Malamud.

La Majorité morale revendique 17 000 membres actifs, en quasi-totalité des pasteurs protestants, quelques prêtres catholiques et quelques rabbins conservateurs. Cet œcuménisme remarquable est l'application à la société religeuse d'une technique politique dominante aux États-Unis : la coalition d'intérêts par problème. La Majorité morale est ce que nous appellerions en France une majorité d'idées, qui fait pression sur la classe politique et l'opinion par les médias et ses propres publications, en particulier un magazine mensuel largement diffusé.

Autre trait important de la technique Falwell : l'esprit de mission. Des missions aux États-Unis d'abord, où les pasteurs baptistes s'emploient à reconquérir les âmes une à une et à faire reculer le mal en même temps que les frontières géographiques de la secte, largement identifiée au Sud. L'ambition de Falwell est de créer 5 000 congrégations dans les États du Nord d'ici l'an 2000, et il est capable d'y parvenir si l'on projette dans l'avenir les tendances récentes de la religiosité américaine.

Esprit de mission international aussi, dans des pays aussi variés que l'Argentine, le Kenya, Hong Kong, les Philippines, l'Amérique centrale où le message religieux se teinte fortement d'anticommunisme. Trente pour cent de la population du Guatemala a quitté l'Église catholique, acquise à la révolution sociale, pour rallier le baptisme, y compris le président de la République qui est *« born again »*. Ce militantisme dirigé contre l'URSS a permis à la Majorité morale de pénétrer des milieux étrangers au baptisme et de s'intégrer au mouvement conservateur. La Majorité morale est en tout cas devenue aujourd'hui une composante essentielle de la Nouvelle droite américaine.

Par son soutien inconditionnel à Israël, Falwell a partie liée avec une fraction importante de la communauté juive. On croit à tort que le lobby juif détermine la politique israélienne de la Maison-Blanche. Le lobby baptiste, appuyé sur dix fois plus de fidèles que le judaïsme, est plus encore pro-israélien, sans être déchiré par les tourments éthiques qui traversent la communauté juive. Ce soutien à Israël a un triple fondement théologique, politique et moral. Les baptistes se sentent particulièrement proches du peuple du Livre connaissent peu les Juifs d'Amérique, rares dans le Sud, mais se rendent en revanche volontiers en Israël. Pour Falwell, les Juifs sont d'abord les Israéliens, non les New-Yorkais qu'il ne fréquente pas. Ensuite, Israël constitue le rempart du monde libre. Enfin, et c'est là un aspect plutôt courageux, Falwell considère que les États-Unis portent leur part de responsabilité dans l'holocauste, pour n'avoir pas accueilli les Juifs qui cherchaient refuge : il aurait fallu, selon lui, leur ouvrir l'Alaska pendant la deuxième guerre mondiale !

Comment enfin ne pas mentionner la part importante du discours que Falwell et la Majorité morale consacrent à l'herpès vénérien ? Cette maladie, à peu près incurable, se répandrait vertigineusement, en corrélation avec l'homosexualité et les pratiques échangistes. Falwell y voit comme d'autres leaders de la Nouvelle Droite, le châtiment de Dieu sur les infidèles américains.

En vérité, cet activisme religieux électrise l'Amérique blanche des classes moyennes. Toutes les sectes intégristes attirent des foules croissantes de fidèles au détriment des Églises plus tolérantes. D'après les chiffres du Conseil national des Églises, les églises anglicanes, associées dans l'esprit des Américains à la tolérance, au libéralisme et à la sécularisation, sont tombées entre 1965 et 1978 de 18 à 13 millions d'adhérents. Dans le même temps, les baptistes passaient de 10 à 13 millions, l'Église des saints du dernier jour de 1 à 3 millions, les Adventistes de 300 000 à 1 million de fidèles. Ces trois congrégations qui représentent le noyau du Fondamentalisme chrétien sont organisées sur un modèle autoritaire, non permissif, et reposent sur le charisme de leurs prédicateurs.

Dans le judaïsme, la tendance est identique : afflux de jeunes dans les écoles rabbiniques, et progrès des congrégations les plus conservatrices. L'Amérique a toujours été profondément religieuse, mais le phénomène nouveau est le déplacement des fidèles. Les Églises les plus intégristes, associées autrefois au Sud, à la pauvreté, voire réservées aux Noirs, sont désormais celles qui attirent les fidèles blancs des classes moyennes.

Ce retour à la foi est peut-être accéléré par la crise économique, mais les chiffres indiquent qu'il a commencé avant, provoqué peut-être par la politique même des libéraux. La gauche reproche en effet aux prédicateurs du type Falwell de se mêler de politique, mais, jusqu'à présent, c'est plutôt l'État qui s'est beaucoup mêlé de religion. Au nom de la Constitution, c'est l'État — en vérité, la Cour Suprême — qui a fait supprimer les prières dans les écoles publiques. A noter que ces prières étaient devenues tellement syncrétiques que chacun pouvait y adhérer, sauf à être férocement athée[3]. C'est l'État qui a fait enlever des écoles les tableaux religieux. Et c'est surtout les services fiscaux qui font la guerre aux sectes pour déterminer celles qui seront ou non exonérées d'impôt sur le revenu, selon que leur caractère religieux sera reconnu ou non. La Cour suprême est saisie chaque année d'une centaine de cas de ce genre : ce qui traduit la propension à l'escroquerie de certains prédicateurs talentueux comme Moon, mais qui, en même temps, provoque la colère des Fondamentaliste qui se sentent persécutés.

En fait, beaucoup d'Américains n'approuvent pas la sécularisation de la vie politique, parce qu'ils n'ont pas

3. L'État du New Jersey a imposé, en 1982, une minute de silence au début de chaque journée de classe dans les écoles publiques. Un juge fédéral à décidé que ce moment de recueillement était une tentative de tourner l'interdiction des prières, et était donc anticonstitutionnel. L'affaire remontera jusqu'à la Cour suprême.

été élevés ainsi. Ils ne comprennent pas pourquoi l'humanisme a remplacé la Bible comme pierre angulaire de la vie sociale américaine. La Bible, au moins autant que la Constitution, est le texte fondamental de la civilisation américaine ; l'Ancien Testament plus encore que le Nouveau. Les premiers immigrants se sont identifiés au peuple d'Israël en quête de la Terre promise. Ils crurent dans un premier temps que les Indiens étaient une tribu perdue d'Israël, puis des Cananéens qu'il fallait exterminer. Ils donnèrent aux villes et villages qu'ils fondèrent des noms bibliques : Salem, Nazareth, Canaan, Bethléem et même Eden et Paradis. George Washington prêta serment sur la Bible et, depuis lors, tous les présidents des États-Unis ont fait de même . Aujourd'hui encore, la Bible est le best-seller de l'Amérique. Un abrégé publié en 1982 par le *Reader's Digest* s'est aussitôt vendu à 500000 exemplaires ; une version enregistrée sur cassette a été lancée pour Noël de la même année, et le Congrès a décidé que 1983 serait l'année de la Bible. Nombreux sont donc les Américains, pas forcément intégristes, à réclamer le retour aux prières dans les écoles, l'interdiction de l'avortement[4], l'enseignement de la création selon Jehovah et non selon Darwin. Et à haïr les politiciens athées comme George McGovern, le candidat du *triple A* : avortement, amnistie (pour les déserteurs du Vietnam), acide (LSD)...

Surtout, ils sont passés à l'action. Dans toute l'Amérique, des associations de parents se mobilisent contre la

4. Un juge de Los Angeles, le 18 octobre 1982, a autorisé l'organisation d'un enterrement pour les 16390 fœtus qui avaient été découverts dans le container d'un hôpital, mais refusa de se prononcer sur la question des funérailles religieuses, ne sachant pas à quelle religion appartenaient ces fœtus. Certains auraient pu devenir athées, a déclaré ce juge.

laïcisation de l'enseignement en mettant particulièrement en cause le contenu des programmes, le choix des livres scolaires, le contenu des bibliothèques. Facilement accusées par la gauche, de chasse aux sorcières et de brûler les livres, leurs organisations, observées de près, sont moins spectaculaires que ne le laisserait croire le déchaînement de passions qu'elles suscitent[5]. Les plus actifs sont Mel et Norma Gabler, qui ont transformé leur maison de Longview, à l'Est du Texas, à la frontière de la Louisiane, en un centre de critique des livres scolaires qui diffuse dans tout l'État des notes d'appréciation sur les ouvrages achetés sur fonds publics et destinés aux enfants des écoles.

Les Gabler sont ce qu'on appelle aux États-Unis des « parents concernés ». Rien ne les destinait à devenir les grands inquisiteurs des livres de classe — lui était comptable chez Esso, et elle secrétaire —, sauf le fait de voir leurs propres enfants absorber une littérature qu'ils jugeaient « humaniste », laïque, libérale, socialiste et anti-américaine. Depuis près de vingt ans maintenant, d'abord seuls, aujourd'hui aidés de huit collaborateurs, les Gabler travaillent en étant entièrement financés par les dons spontanés que leur adressent d'autres parents. Leur cuisine sert de bureau et de salle de réception. Norma Gabler, aujourd'hui grand-mère, range sur le buffet les billets d'un dollar que lui apporte, avec des lettres d'encouragement, le courrier quotidien. Dès que

5. La révolte des parents contre les livres de classe progressistes a atteint son paroxysme en 1974, dans le pays minier de Kanawha, en Virginie de l'Ouest, avec le boycott des écoles et de violentes émeutes populaires. Une pétition signée par 12000 personnes a demandé que soient prohibés des écoles les livres qui encourageaient le scepticisme vis-à-vis des institutions américaines et de la civilisation occidentale. Parmi ces institutions : la famille, le Créateur, la Constitution, la libre entreprise, le respect de la propriété, le respect de la justice, la noblesse de l'histoire des États-Unis.

les enfants ont grandi et quitté la maison de leurs parents, leurs chambres à coucher ont été transformées en salles de travail et en bibliothèques de rangement. Dans la salle de bains, un micro-ordinateur garde en mémoire les noms et adresses de 50 000 personnes qui manifestent régulièrement leur soutien et reçoivent deux fois l'an un bulletin d'information, à la fois bilan, argumentaire et conseils pratiques pour agir à leur niveau. C'est une application supplémentaire, à l'échelon local, de la méthode Viguerie, de mobilisation des minorités silencieuses. Ces moyens de départ modestes sont, il est vrai, considérablement amplifiés par la télévision dont les Gabler ont une parfaite maîtrise. Comme tous les leaders populistes, Norma est un personnage truculent dans son rôle de mère de famille révoltée par les intellectuels de gauche qui corrompent la jeunesse américaine. C'est au nom du bon sens et des valeurs américaines que les Gabler passent au crible tous les livres scolaires et leurs prises de position, dès lors qu'ils sont célèbres, peuvent conduire les éditeurs à modifier leurs ouvrages ou bien les écoles à y renoncer. Une victoire fameuse de Norma Gabler fut le retrait par l'éditeur, dans un livre d'histoire américaine, d'un long chapitre apologétique sur Marilyn Monroe.

L'analyse critique à laquelle se livrent les Gabler est conduite avec beaucoup de sérieux, ligne par ligne, avant publication des textes incriminés et de leurs observations dans les notes qu'ils diffusent aux autorités scolaires et à la presse. Cela va des erreurs de fait — historiques, scientifiques, grammaticales — à des jugements de valeur sur la manière dont est présentée l'histoire américaine, l'économie libérale, ou à des condamnations quand, par exemple, un ouvrage de sciences naturelles consacre plusieurs pages à la masturbation. Le critère et la méthode consistent à dénoncer tout ce qui ne coïncide pas avec l'opinion dominante de la majorité des Américains, autrement dit la morale traditionnelle, la religion, la famille chrétienne, la libre entreprise. L'habileté, comme chez Falwell, consiste ici à ne pas discriminer en faveur des valeurs qu'ils défendent, mais d'exiger qu'une discrimination inverse ne s'exerce pas au détriment de celles-ci. Ainsi, de nombreux ouvrages scolaires, excessivement soucieux de ne pas heurter les minorités raciales ou sexuelles, ou les enfants de couples séparés, en viennent à oublier les autres et à privilégier la minorité contre la « normalité ».

De même, la neutralité des livres concernant la sexualité ou la drogue est dénoncée par les Gabler. Il est vrai que la littérature scolaire destinée à des enfants de douze ans est parfois d'une crudité et d'une tolérance encore improbables en Europe : c'est le dernier vestige des années de contestation, désormais réfugiée dans la pédagogie scolaire. Les Gabler participent enfin d'un mouvement qui va s'amplifiant et qui préconise que l'évolutionnisme soit enseigné comme une hypothèse sur la création du monde, non comme une vérité scientifique expérimentale, reléguant la Bible au rayon des mythologies. De nombreux parlementaires soutiennent cette revendication.

C'est que les Américains sont profondément religieux — 94 % d'entre eux croient en Dieu, d'après un récent sondage Gallup — et souscrivent souvent à une interprétation littérale de la Bible. De nombreux prédicateurs journalistes de radio et de télévision se sont fait une spécialité de présenter l'actualité quotidienne par référence constante aux Écritures. Une importante fraction de la classe politique participe à cette réintégration de la morale chrétienne dans la vie publique. Le Congrès de l'Arkansas a, en 1981, rendu obligatoire l'enseignement du créationisme dans les écoles publiques, au même titre que le darwinisme [6]. Ronald Reagan s'est lui-même prononcé pour un amendement constitutionnel rétablissant les prières dans les écoles publiques, que la Cour suprême avait interdites en 1962. Au nom même de la liberté religieuse, il faut, déclara Reagan dans son discours sur l'État de l'Union de janvier 1983, « ramener Dieu dans les salles de classe dont il n'aurait jamais dû être chassé ».

Les leaders religieux de la Majorité morale n'hésitent pas à utiliser leur influence pour agir en politique et sur les élections. Cette entrée des Églises en politique est sans précédent dans l'histoire américaine, et contribue pour beaucoup à la rupture conservatrice des années 80. L'équipe de Falwell a ainsi assuré, en 1979, la victoire de deux candidats catholiques conservateurs au Sénat de l'Oklahoma, état jusque-là profondément antipapiste, parce que leurs adversaires étaient certes protestants, mais de chapelles progressistes. Ce n'est pas un des moindres succès de Falwell que d'avoir pu fédérer autour d'objectifs moraux — en particulier la lutte contre l'avortement — des religions différentes, préoccupées depuis l'origine des États-Unis à s'exterminer entre elles, non seulement entre chrétiens, mais aussi entre chrétiens et juifs. La Majorité morale a ainsi suscité une nouvelle sorte de rabbins : les rabbins conservateurs, activistes en politique, organisés autour de Seymour Siegel, professeur de morale à l'Institut de Théologie juive de New York [7].

En vérité, le mouvement intégriste bouleverse le jeu politique américain et ramène tous les candidats à des

6. Cette loi a été annulée en première instance par la justice fédérale.

7. Le judaïsme américain se partage en trois tendances : orthodoxes, conservateurs et libéraux.

attitudes plus traditionalistes. La question est de savoir jusqu'où cette vague mystique portera une nation qui, déjà par le passé, a connu de grandes « renaissances » religieuses. Le premier *great revival* de 1730 à 1760, en exaltant la foi individuelle contre l'ordre établi de la hiérarchie religieuse, ne fut pas étranger à la grande révolution de 1776. Le second, de 1800 à 1830, en mettant l'accent sur l'homme quelconque *(common man)* et en rejetant tout à la fois les autorités religieuses et politiques, évinça la grande bourgeoisie terrienne de Washington et fit entrer le parti démocrate, avec Andrew Jackson, à la Maison Blanche. Le troisième, de la fin du XIXe siècle à la guerre de 1914, fut marqué par les retours à la rivière, pour s'y faire baptiser à nouveau, de millions d'Américains — *born again* : nés une seconde fois — et porta au sommet du parti démocrate, un Fondamentaliste, William Jennings Bryan. Candidat par trois fois à la présidence, il ne fut certes pas élu, mais son exaltation de la simplicité rurale, sa dénonciation de la ville corruptrice et de l'industrie qui crucifie le peuple sur une croix d'or (le discours de la croix d'or est sans doute le plus célèbre de la vie politique américaine), ont définitivement marqué le vocabulaire politique américain. Tout président est désormais obligé de se ressourcer auprès de mère Nature, à Camp David ou, comme le fait Reagan, dans son ranch du Ciel, en Californie, pour y fendre du bois...

Et c'est à une quatrième « renaissance » qu'appellent Falwell et la Nouvelle Droite.

10.

Victoire contre les féministes

A New York, Betty Friedan n'est plus toute jeune, elle n'est pas très riche, elle est divorcée, son appartement est minuscule, ses relations avec ses enfants sont difficiles et son dernier livre, *The Second Stage*[1], ne marche pas fort.

A Alton, Phyllis Schlafly est la mère heureuse de six enfants, elle est élégante, aime son mari, elle est très riche, elle habite une somptueuse maison sur les rives du Missouri. Phyllis Schlafly est aussi la femme la plus célèbre des États-Unis pour avoir terrassé le mouvement féministe, et si le livre de Betty Friedan est un échec, c'est un peu à cause d'elle.

Pourtant, Betty Friedan avait l'avantage. Lorsqu'elle publie *La femme mystifiée* en 1963, elle donne le véritable départ de cette révolution féministe qui devait prendre corps en d'innombrables mouvements de par le monde entier, à commencer par le Mouvement de Libération de la Femme (MLF) et la National Organization for Women (NOW). L'argument de Betty Friedan, depuis lors popularisé, est que la femme américaine et

1. Paru en France sous le titre *Le deuxième souffle.*

toutes les femmes « modernes » se sont laissé piéger par la consommation et enfermer dans une fonction sociale minorée. Le foyer, selon Betty Friedan, est un « camp de concentration confortable ». Pendant les années 1960-1970, les leaders féministes occuperont le devant de la scène, ou plutôt les écrans de télévision. Cette agitation parfois folklorique, parfois violente, se traduira, à partir de 1970, dans un projet d'amendement à la Constitution américaine, l'*Equal Right Amendment* ou Amendement pour l'égalité des droits, l'ERA.

En fait, l'ERA était rituellement présenté au Congrès des États-Unis chaque année, depuis 1923. Mais, cinquante ans après la révolte des suffragettes pour obtenir le droit de vote, l'ERA apparaît comme un texte anodin. Avec l'appui du président Nixon, le Congrès l'adopta facilement. Alors que toute discrimination raciale se trouve abolie, pourquoi ne pas accepter un texte similaire qui paraît donner satisfaction à ces femmes qui le réclament si fort ? Au Sénat, une seule voix, celle de Richard Ewin, du Colorado, dénonce l'ERA. Après ce quasi-consensus au Congrès, le texte doit être ratifié par au moins trente-huit États avant mars 1979 pour devenir le 27e amendement à la Constitution. Les Parlements des États rivalisent alors pour être les premiers à le faire : ce sera Hawaï, quelques heures seulement après le Sénat des États-Unis, puis le Nebraska à l'unanimité, le Kansas après dix minutes de débat. Au bout de quelques semaines, il ne reste que huit États à trouver. Les féministes exultent...

C'est là qu'intervient Phyllis Schlafly, le « joli cœur de l'Amérique silencieuse », comme l'appellent ses ennemis, mais, pour d'autres, la Jeanne d'Arc de l'Amérique profonde et du parti républicain. Cette fervente de Barry Goldwater et d'Eisenhower dont le buste de bronze trône aujourd'hui sur la télévision familiale, n'est pourtant au départ qu'un politicien raté, battue trois fois de suite aux élections parlementaires par ses compatriotes de l'Illinois. Ses attitudes réactionnaires ne parviennent pas, dans les années 60, à la distinguer de ses adversaires démocrates qui, dans le Middle West des États-Unis, sont de toute manière aussi à droite qu'elle. C'est avec la croisade antiféministe qu'elle trouve sa mesure et son succès national. Au point que Norman Podhoretz a pu écrire d'elle qu'elle était le politicien le plus habile du pays.

En 1972, alors que le Sénat des États-Unis adopte l'ERA, applaudi par tout l'*establishment* politique et les médias, Phyllis Schlafly publie dans une obscure lettre d'information qui lui appartirent, le *Phyllis Schlafly Report,* le premier article anti-ERA. L'écho dans le pays est formidable, la majorité silencieuse a trouvé un porte-parole. Les volontaires, l'argent et le soutien des Églises — toutes les Églises : catholique, protestante, juive — affluent vers Phyllis. Dès lors, elle sera partout, inondera les parlementaires de millions de lettres de protestation signées par ses partisans, fera le siège des Congrès de chaque État disposé à ratifier l'ERA. La bataille durera dix ans, le délai légal imparti à la ratification. En 1982, c'est fini, Phyllis a gagné, trente-trois États seulement ont voté. Les mouvements féministes sont démoralisés, démantelés. Si Betty Friedan publie *La seconde étape,* c'est parce qu'elle a perdu la première.

La victoire de Phyllis Schlafly est due en grande partie à la radicalisation des féministes pro-ERA : l'ERA est, au fil des années, de plus en plus identifié au gauchisme, à la libération sexuelle, à la destruction de la famille, à l'amoralité, au lesbianisme.

En 1977, le gouvernement des États-Unis participe à

l'année internationale de la femme en organisant une conférence qui se tient à Houston. Des milliers de femmes américaines peuvent voir à la télévision leurs « représentantes » voter dans un enthousiasme délirant des motions en faveur du droit des couples homosexuels à adopter des enfants, tandis que des groupes de lesbiennes activistes organisent un lâcher de ballons proclamant « nous sommes partout ! ». La présidente du NOW a beau tenter de ramener le débat à son enjeu économique et social, elle est sans cesse dépassée par ses troupes les plus extrémistes.

Phyllis Schlafly utilise évidemment à fond ce dérapage de l'ERA et joue sur le moralisme dominant de la société américaine. Elle exploite aussi une petite phrase de l'amendement — sa deuxième section (la première pose seulement le principe de l'égalité des sexes) — qui permettrait au Parlement des États-Unis de légiférer pour éliminer toute forme de discrimination. Dans une société qui étouffe déjà de régulations en tous genres, cette nouvelle porte ouverte à la bureaucratie fait reculer l'opinion. Avec l'appui de professeurs de droit, elle convainc que l'amendement obligerait à modifier toutes les lois sur le mariage, le divorce, la garde des enfants, les pensions de retraite pour les veuves, les pensions alimentaires ; les collèges de filles seraient interdits, l'État de New York devrait modifier la législation qui oblige le mari à soutenir son épouse. Les mères de famille de l'Amérique profonde sont terrorisées. Phyllis, qui n'a jamais froid aux yeux quand il s'agit de recourir aux arguments moraux, ajoute que plus rien ne pourrait s'opposer aux mariages de couples homosexuels ni à leur adoption d'enfants. Quelques lesbiennes radicales ne s'en cachent pas et lui servent involontairement d'argument. Dernier coup de massue de Phyllis : l'ERA conduirait obligatoirement au service militaire des femmes avec disparition de toute pudeur dans les casernes, promiscuité insoutenable et affaiblissement du moral de la défense : les Russes ne comptent que 1 % de femmes dans leur armée !

Phyllis a dû se battre aussi contre l'argument des *59 cents.* Les féministes, produisant les statistiques de l'administration fiscale, font observer que les femmes ne gagnent en moyenne que 59 % du revenu des hommes : 59 cents contre un dollar. Sauf, fait remarquer Schlafly, qu'il ne s'agit pas là d'une discrimination à travail égal. Les femmes, ajoute-t-elle, ne font pas le même métier que les hommes, travaillent moins d'heures, ont moins d'ancienneté, sont plus instables et, de toute manière, ne s'investissent pas dans leur métier comme les hommes. La différence de salaire n'aurait donc rien à voir avec la discrimination sexuelle.

Mais, au-delà de ces arguments plus ou moins rationnels, ce sont deux images de l'Amérique qui s'affrontent.

Regardez-moi, dit Phyllis Schlafly, je suis l'image du bonheur américain, regardez ma maison, mes tapis, mes canapés en cuir, la vue sur le fleuve, mon parc, mes voitures, ma photo avec mon mari et mes six enfants. Le bonheur, parce que je crois aux vertus profondes du credo américain, de la religion, de la famille, de la patrie, du travail, de la moralité, de l'argent. Regardez les féministes, ajoute Phyllis : pas une n'a réussi sa vie, aucune n'offre aux Américaines un miroir dans lequel elles pourraient se reconnaître.

C'est vrai, la maison de Phyllis est un rêve américain, autrement dit la reproduction architecturale et décorative d'une certaine idée de l'Europe. Un pastiche de manoir anglais néo-Tudor dont toutes les proportions auraient été multipliées par quatre. Pas un espace au mur qui ne soit lambrissé de chêne sombre, pas un pouce de sol qui ne soit recouvert de moquette et de tapis. Le piano est là pour la frime. Sur tous les meubles, des photos encadrées sur un thème qui se décline : moi avec mon mari, mes enfants, Eisenhower, Reagan, etc. Une chambre est transformée en central téléphonique ; dans la salle à manger une douzaine de jeunes militantes mettent sous enveloppe la dernière lettre d'information de Phyllis à l'intention de ses quarante mille abonnés. Phyllis, la soixantaine bien conservée, fine, d'une élégance très Middle West, avec sa robe de velours vert pomme, son indéfrisable, son double rang de perles, règne sur son monde, court d'un téléphone à l'autre, arrive de Denver et part pour Detroit. D'ailleurs, le choix de la maison a été dicté par la proximité d'un aéroport, Saint Louis, l'un des mieux desservis des États-Unis. Phyllis est une vraie professionnelle de la communication : elle ne sourit que devant les caméras, pas dans la vie, ou peu. Elle répond toujours elle-même au téléphone à tous les journalistes qui veulent connaître son opinion. La presse, sachant qu'elle est facile à joindre chez elle, qu'elle rappelle toujours et que son mari prend les messages, l'interroge donc chaque fois que « la femme » est concernée. En revanche, les leaders féministes sont toujours injoignables et désordonnées. Phyllis occupe l'espace, ce qui ne l'empêche pas, à l'unisson de toute la droite, de dénoncer le gauchisme de la télévision.

Le féminisme, pour Schlafly, n'est qu'un cirque inventé par les médias et par quelques journalistes mal dans leur peau. Toute l'escroquerie du mouvement résiderait dans la tentation de faire résoudre par la société des problèmes d'ordre personnel. La femme américaine n'a pas, en tant que telle, de difficultés sociales ou politiques. Elle n'a rien à demander, parce qu'elle a tout. Les robots domestiques dénoncés par Betty Friedan sont bel et bien libérateurs. Ironie du sort, la machine à laver de Phyllis Schlafly était en panne le jour de ma visite. Donc, non seulement l'analyse féministe est fausse, mais, de surcroît, elle a fait le malheur des femmes qui y ont cru, en particulier de celles dont le carriérisme a brisé la famille. A ses quatre fils, Phyllis Schlafly a enseigné que le métier passait avant la famille, et à ses deux filles l'inverse.

L'ERA stoppé, le pire évité, il faut maintenant remonter le cours du temps et réimposer le modèle de la famille américaine. C'est l'ambition de l'association *Eagle Forum*, qui a pris le relais de *Stop ERA*. Symbole de la vieille Amérique dont la statue de pierre orne l'entrée de la maison Schlafly, l'aigle en question s'est trouvé être un allié inattendu dans l'herpès vénérien. Comme Jerry Falwell, Phyllis Schlafly est persuadée que cette maladie est un châtiment de Dieu. La terreur qu'elle suscite lui paraît saine, sainte et suffisante pour inciter les Américains à renoncer à des comportements sexuels trop libéraux. Dans une brochure diffusée à des millions d'exemplaires et intitulée *L'Herpès, juste les faits*, l'auteur écrit : « La seule manière d'éviter l'herpès, c'est d'éviter les relations sexuelles. Restez vierge jusqu'au mariage, épousez un/une vierge, restez fidèle l'un à l'autre ! » Pas d'alternative donc : c'est l'herpès ou l'abstinence.

L'argument impressionne suffisamment l'opinion pour qu'un échantillon de jeunes Américains interrogés le 22 octobre 1982 par le *Washington Post* se déclare à 80 % disposés à rejoindre, à leur corps défendant, les grands principes de la morale chrétienne, par crainte de l'herpès. Les clubs échangistes de New York et Los Angeles se vident de leur clientèle. *Playboy* évite le sujet, les couples homosexuels se séparent, le spectre hante les esprits et toutes les conversations.

Certes, l'affaire est amplifiée par les médias sur un terrain déjà préparé par les conservateurs, mais les médecins reconnaissent que le sujet est habilement choisi. La maladie, effectivement incurable à l'heure actuelle, recèle une forte charge émotive, est très liée au stress, et peut conduire ses victimes à l'impuissance. L'herpès est devenu la grande peur de l'Amérique libérée, sinon libérale.

Mais Phyllis inquiète ses amis autant qu'elle agace ses ennemis. Car ce modèle de sociabilité, mondaine en apparence, utilise des méthodes très populistes et anti-*establishment.* Dans un spot télévisé de sa campagne législative de 1972, John Wayne déclarait « qu'on peut compter sur elle pour se débarrasser des politiciens dépensiers qui gaspillent nos dollars si durement gagnés ». Sa méthode illustre parfaitement la maîtrise que la droite a acquise dans les techniques de manipulation des foules et des médias. L'organisation Schlafly, peut-être le plus important mouvement des États-Unis à reposer sur l'allégeance à une seule personne, est capable de mobiliser instantanément des milliers de femmes, du type « femmes au foyer », en l'espace de quelques instants. Elle l'a démontré à nombre de reprises dans sa lutte contre l'ERA. Plusieurs centaines de clubs, d'associations très décentralisés obéissent à une stratégie que Phyllis définit seule et ordonne par téléphone. Chacun de ces clubs s'organise comme il l'entend, s'autofinance et utilise les moyens dont il peut disposer. Leur force réside dans leur disponibilité et leur image dans l'opinion coïncide avec celle de Phyllis : aucun risque de dispersion. Tous ou plutôt toutes s'expriment d'une seule voix et, pour plus de sécurité, s'imprègnent des copies vidéo des interviews de Schlafly à la télévision.

La technique est toujours à peu près la même : chantage à la réélection sur les parlementaires, focalisation des médias par la création d'un événement. Ce sera une chaîne de prières où des femmes se relaient à l'infini devant le Capitole, invoquant le Seigneur pour qu'il ramène les États-Unis à la décence, une avalanche de télégrammes, le dépôt d'une montagne de tartes aux pommes, symbole de la cuisine familiale, devant la maison de tel sénateur. Ça marche. A partir de 1974, le mouvement féministe s'essouffle de lui-même, mais chacun reconnaît que c'est l'action de Schlafly qui dissuade les États de ratifier l'ERA : un seul en 74, un seul en 75, un seul encore en 77, aucun en 78. A partir de cette date, c'est le reflux, les États reviennent sur leur vote, à commencer par le Nebraska, si enthousiaste six ans auparavant.

Le soutien de la classe politique, du Congrès et du président des États-Unis à l'ERA renforce paradoxalement Phyllis Schlafly. Faute d'avoir obtenu la ratification, le Congrès, en 1979, prolonge le délai jusqu'au 30 juin 1982, et Jimmy Carter s'engage personnellement dans le démarchage des congressistes des États. Schlafly accuse Rosalyn Carter de les séduire. Tout cela vient nourrir son discours : l'ERA n'est qu'une machination de la bureaucratie de Washington, une atteinte aux droits des États fédérés et des individus, un vaste complot. Elle est David contre Goliath, jusqu'au succès final[2].

2. Apparemment, le message n'a pas encore traversé l'Atlantique, puisqu'à l'heure où les femmes américaines rejettent l'égalité organisée par l'État, le socialisme français s'emploie à la mettre en œuvre. Ainsi, le 7 décembre 1982, l'Assemblée nationale a-t-elle adopté sans trop en débattre une loi proposée par Yvette Roudy qui fait passer les femmes françaises sous le régime d'une protection active dans le travail. Désormais, les employeurs devront chaque année publier le bilan de la situation respective des hommes et des femmes et, en cas de distorsions dans les salaires ou les carrières, s'expliquer et pren-

Avec Reagan à la Maison-Blanche, elle est tranquille. C'est le premier président anti-ERA depuis 1972, et, pour montrer qu'il n'est pas antiféministe, il nomme — grande première historique —, une femme à la Cour suprême des États-Unis. Pour le MLF, c'est un alibi. Chaque fois que Reagan nommera une femme quelque part, la gauche parlera toujours d'alibi. Pour Schlafly, c'est la preuve que les femmes n'ont nul besoin de la protection tutélaire de l'État pour être libres.

dre les mesures nécessaires au rétablissement de l'égalité. Les arguments portant sur la bonne foi ou les différences d'aptitudes ne seront pas acceptés. L'égalité devra être organisée sous le regard de l'État, par référence à une société idéale où l'inégalité n'existerait pas. Cette méthode, étrangère jusqu'à une date récente, à notre philosophie politique, est directement inspirée par la gauche et l'ingiénierie sociale américaines, avec dix ans de décalage...

11.

Bons citoyens contre méchants criminels

A l'entrée du village de Kennesaw, sur la route d'Atlanta à Chatanooga, en Georgie, une boutique modeste annonce des soldes de T-shirts, de meubles d'occasion et de revolvers. Pour 40 $, n'importe qui peut acheter un 25 automatique, à 150 $ un P 38, et à 250 $ un Smith and Wesson ou un Colt. La vente d'armes se porte bien dans cette région de chasseurs de daims, et mieux encore depuis que le conseil municipal de Kennesaw a décidé, en mars 1982, que chaque famille devait obligatoirement disposer d'une arme à feu. En vérité, déjà 85 % des foyers détenaient, avant cette date, au moins une arme de chasse et un pistolet. Dix pour cent de plus ont satisfait depuis lors à la nouvelle obligation et les autres en sont dispensés parce qu'ils ont été condamnés, qu'ils sont handicapés mentaux, reconnus trop pauvres pour s'acheter une arme, ou que leurs convictions morales et religieuses leur en interdisent la détention. Cette dernière clause est importante, car elle préserve la liberté de choix des citoyens et garantit ainsi la constitutionnalité de l'ordonnance de Kennesaw. Adoptée à l'unanimité par le conseil municipal qui, réélu, a recueilli un large soutien de la population, cette initiative originale, qui n'a pas rencontré d'opposition sur place, n'est en fait qu'une réaction à la décision inverse prise dans l'Illinois.

A Morton Grove, dans la banlieue de Chicago, la municipalité de gauche a interdit la détention d'armes à feu et demandé aux habitants de les restituer s'ils en possédaient. Mesure tout aussi symbolique que celle de Kennesaw, mais probablement anticonstitutionnelle. Il appartiendra à la Cour suprême des États-Unis d'en décider.

Ce débat Kennesaw/Morton Grove n'est que la traduction locale d'une campagne nationale menée par les libéraux pour interdire les armes à feu afin de réduire la criminalité.

Le shérif de Kennesaw, Bob Rubbles, estime au contraire qu'il apporte la démonstration que c'est l'armement des familles qui peut seul dissuader les criminels. Les résultats dans son village sont « fantastiques » : contre 45 cambriolages, 3 vols à main armée et 3 viols en 1981, ses statistiques ne font apparaître pour 1982 que 5 cambriolages, aucun vol à main armée, pas de viol. Les criminels ont compris, selon Bob Rubbles, le message : hors de Kennesaw ! La détention d'armes lui paraît en tout cas beaucoup plus efficace contre le crime que la peine de mort, dont le rétablissement en Georgie n'a pas eu d'effets appréciables. Depuis sept ans qu'il est à son poste, il n'a jamais déploré de bavures, jamais d'accidents. Pour plus de sécurité, il organise d'ailleurs des cours de tir gratuits, le week-end, pour les citoyens de Kennesaw (c'est 2 dollars pour les étrangers), et prodigue des conseils, surtout aux femmes, pour le choix de leur armement.

Le maire, Darwin Purdy, jeune avocat de trente-huit ans, est persuadé que les libéraux font encore une fois fausse route en réclamant le contrôle des armes ; il est scandalisé par le soutien que les journalistes ont accordé à la municipalité de Morton Grove, alors que la décision de Kennesaw est passée presque inaperçue. Il refait le procès classique des médias dominés par la gauche, et des intellectuels du parti Démocrate ignorants des réalités. La réalité, ce sont ces cinq mille habitants isolés de Georgie, presque tous ouvriers aux usines voisines de Lockheed et de General Motors, peu ou pas touchés par le chômage, presque tous Blancs, tous chrétiens (mi-catholiques, mi-baptistes), tous propriétaires de leur petite maison de bois à balcon ou véranda.

L'autodéfense est la réponse populaire et conservatrice à la montée de la violence. A l'exception des trois grandes villes de la côte est, Boston, New York et Washington, les armes à feu non automatiques sont à peu près partout en vente libre. Les Américains considèrent que la détention d'une arme à feu est la contrepartie naturelle du droit à la sécurité et à la légitime défense inscrit dans le second amendement à la Constitution. Ils y sont d'autant plus attachés que les armes à feu sont étroitement liées à l'histoire du pays, à la conquête de l'Ouest. Le président de la National Rifle Association, puissante organisation de 2,5 millions de membres, Keith Gaffaney, ancien policier à Los Angeles, se souvient d'avoir été élevé dans l'Oklahoma entouré de fusils : décor naturel d'une enfance dans l'Ouest, il y a soixante ans. Pourtant, en 1968 — année culminante de la gauche américaine dans tous les domaines —, des parlementaires libéraux, en particulier Peter Rodino, député du New Jersey, et Edward Kennedy, sénateur du Massachusetts, réclamèrent pour la première fois l'interdiction des ventes d'armes et l'enregistrement de celles déjà détenues dans chaque foyer. L'objectif de la gauche, sans cesse ressassé depuis cette date, consiste à vouloir lutter contre le crime sans pour autant parvenir à démontrer qu'il y aurait un lien direct entre la détention d'armes par les citoyens et la criminalité.

A l'inverse, Gaffaney observe que là où les armes sont contrôlées, dans les villes déjà citées, la violence ne cesse de se développer, car seuls les honnêtes gens se plient à la loi et se trouvent désarmés devant les criminels que le contrôle n'embarrasse guère. Au contraire, l'autodéfense lui paraît être efficace, à condition d'être organisée. A Orlando, en Floride, après une vague de viols, le National Rifle Association a patronné des cours de tirs destinés aux femmes seules, entraînant une chute de moitié du nombre des agressions en l'espace de quelques mois. Gaffaney, s'appuyant sur sa propre expérience de policier, ajoute que la police est impuissante à lutter véritablement contre le crime et encore plus à le prévenir. L'alternative n'est donc pas entre autodéfense et protection policière, mais entre l'autodéfense et le crime.

De fait, pour la grande masse des citoyens de l'Amérique profonde, le projet libéral de contrôle des armes est ressenti comme une intolérable intrusion de l'État dans leur vie privée. Griffin Bell, ancien ministre de la Justice de Jimmy Carter, Démocrate, aujourd'hui avocat à Atlanta, reconnaît que le dossier des libéraux n'est pas convaincant. Pour lui, le seul argument « objectif » en faveur du contrôle est qu'il existe en Europe ; l'autre argument, inavoué et inavouable, est qu'en réalité les Blancs ont peur des jeunes Noirs et que c'est bien ceux-ci qu'il s'agit de désarmer. Impossible de le dire et de le faire sans désarmer tout le monde, ou en tout cas sans en donner l'impression. C'est la technique classique des libéraux telle que l'analyse Allen Matusow et qui, sous couvert d'une politique générale généreuse, vise en fait un objectif et un groupe particuliers.

Mais aucune majorité ne s'est jamais dégagée au Congrès, depuis 1968, pour imposer une réglementation fédérale. La NRA y veille. Ses trois cents permanents à Washington exercent une pression constante sur les parlementaires qui seraient tentés de passer dans le camp du contrôle. Les membres de la base, s'il le faut, relaient le *lobbying* de leur organisation nationale. Pour l'heure, la Maison-Blanche est du côté de la NRA, et le fusil de chasse de Reagan est exposé dans une vitrine dans le hall d'accueil de l'Association.

Comme toujours aux États-Unis, les débats qui concernent le plus directement la population descendent au niveau local mais ne remontent pas vers le sommet : cheminement politique rigoureusement inverse de ce qui se passe en France. Le contrôle des armes est donc devenu un enjeu de pouvoir local qui alimente à son tour la révolte populaire contre la menace d'intervention de l'État.

En Californie, le 2 novembre 1982, 63 % des électeurs ont repoussé par référendum un projet de contrôle (proposition 15) déposé par une étrange coalition de démocrates, de féministes et d'évêques catholiques. Le même jour, deux États aussi différents que le Nevada et le New Hamsphire adoptaient un amendement confirmant « le droit des citoyens de posséder et de porter une arme pour se défendre, défendre leur famille, leur propriété et l'État ». Trente-neuf États ont désormais inscrit ce droit dans leur Constitution. La gauche aurait voulu donner des arguments à la droite anti-étatique qu'elle n'aurait pu mieux choisir son terrain.

Le débat sur la violence — le vrai débat de fond derrière cette question du contrôle des armes — reflète bien les positions philosophiques irréconciliables de la droite et de la gauche. Pour les libéraux américains, c'est la société qui est mauvaise et conduit au crime ; pour la droite, ce sont les individus qui se partagent entre bons et méchants. Pour les libéraux, la prison est haïssable et doit, sinon être supprimée pour les individus les plus dangereux, du moins être un lieu de réhabilitation et de réinsertion sociale. La mise en pratique des idées libérales dans les années 60 a malheureusement coïncidé avec les grandes révoltes pénitentiaires d'Attica et d'Auburn.

Rappelons-nous le mythe d'Attica : Al Pacino cambriole une banque de Brooklyn. Le film s'appelle *Un après-midi de chien.* Par maladresse, le héros déclenche le signal d'alarme ; la banque est cernée par la police qui pense avoir affaire à un caïd. En fait, le héros n'est qu'un médiocre amateur, mais il a une idée de génie : il sort de la banque, braque un otage et crie « Attica, Attica ! ». Immédiatement, les médias se mobilisent, les hélicoptères de la télévision sont là, la foule sympathise avec le cambrioleur, les féministes, les homosexuels et tous les groupes de libération de quelque chose manifestent en sa faveur...

Attica. Ce village endormi, proche de la frontière canadienne, ne doit sa célébrité qu'à son immense prison de briques rouges, entourée d'un mur lisse et gris avec des tours d'angle d'un style curieusement néo-gothique. De l'extérieur, l'ensemble ressemble de manière troublante au château de la Belle au Bois Dormant sur les publicités de Disneyland. En 1972, une mutinerie de quatre jours, d'une violence inouïe, fait 43 morts, dont 11 gardiens. Les mass media prennent le parti des prisonniers et dénoncent le régime pénitentiaire qui réduit ces hommes à l'état de bêtes. Les mutineries s'étendent aux États-Unis puis à l'Europe. Attica devient le symbole de toutes les luttes contre toutes les formes d'oppression. Les Weathermen, les Blacks Panthers tuent les flics, les « porcs », comme les appellent désormais les gauchistes. L'Amérique des campus est en révolte, les GIs achèvent de s'enliser au Vietnam. Paix au Vietnam, halte au racisme, au chauvinisme mâle, Attica ! Même combat pour la gauche radicale américaine...

Dix ans plus tard, Harold Smith, le directeur d'Attica, reste obsédé par la sécurité. Le visiteur est soumis à une fouille attentive, laisse à l'entrée sa montre et sa ceinture, est prié d'y ôter ses chaussures. Des hommes d'expérience, sortis du rang comme Harold Smith, ont remplacé d'éphémères directeurs issus de l'Université et qui, dans les années 60-70, voulaient transformer les prisons en laboratoires sociaux. C'est leur idéologie anti-pénitentiaire qui, selon Harold Smith, a provoqué les mutineries sur un terrain préparé par des leaders révolutionnaires et excité par la surpopulation des cellules. De cette époque, seule subsiste la surpopulation. Mais plus personne ne conteste la discipline d'Attica. Dans les cellules, des jeunes gens en sarrau vert, chaînes aux chevilles, témoignent de la nouvelle rigueur carcérale.

La seule distraction de ces prisonniers est la bibliothèque où les livres de droit remportent un succès particulier. Leur lecture alimente les innombrables procès intentés à la direction pour non-respect des droits individuels garantis par la Constitution. Tous les jours, des avocats se présentent au parloir et offrent leurs services bénévoles aux prisonniers. Ce contentieux encombre les cours fédérales mais aboutit rarement. De mémoire de directeur, dit Harold Smith, aucun prisonnier d'Attica n'a jamais vu reconnaître son innocence. Seule fantaisie dans le bureau directorial : un tableau d'affichage en bois comme on en trouve dans les salles de billard. Il indique ce jour-là : 2164 prisonniers,

1 153 Noirs, 554 Blancs, 11 Indiens, 314 Hispaniques. Moyenne d'âge : 26 ans. Le tableau est trop ancien pour avoir prévu une rubrique asiatique. Il y en a 3 ce jour-là, précise Harold Smith.

Pourquoi y a-t-il tant de jeunes Noirs dans toutes les prisons américaines ? Les réponses à cette question sont extrêmement variées et reflètent les choix idéologiques ou les stratégies politiques de ceux qui les fournissent.

Ainsi, pour Julian Bond, ancien leader noir des étudiants contestataires de Georgie, aujourd'hui sénateur de l'État, les Noirs ne sont pas condamnés en tant que Noirs, mais en tant que prolétaires. C'est parce qu'ils appartiennent à une classe défavorisée, dangereuse, que la société bourgeoise les exclut.

Pour Andrew Young, les jeunes Noirs appartiennent à une culture étrangère au monde blanc, lequel les condamne par préjugé. Sans être racistes, selon Young, les juges ont tendance à avoir la main plus lourde pour les délinquants noirs.

Enfin, Griffin Bell estime que c'est l'excès de protection sociale qui a produit une sous-culture de la violence. Les jeunes Noirs, selon lui, n'auraient aucune raison de quitter cette sous-culture puisque l'assistance sociale leur garantit un revenu voisin de celui d'un emploi salarié. Il ajoute que la politique de logement social a de plus concentré cette population dans des ghettos, et que la plupart des crimes commis par des Noirs le sont contre d'autres Noirs.

Griffin Bell, aujourd'hui avocat à Atlanta, est l'homme à poigne que Jimmy Carter avait choisi pour réorganiser le système judiciaire et pénitentiaire américain, démantelé par les révoltes et la démoralisation de l'après-Watergate. Ses amis et ses ennemis estiment qu'il a réussi au-delà de toute espérance. Lui-même se définit comme un Démocrate très conservateur. Dissimulant sa finesse derrière un accent marqué du Sud, ne s'exprimant que de manière lapidaire, ses positions sont on ne peut plus claires : pour lui, le débat sur la prison est clos. Dans une société, il y a les bons et les méchants. La prison est faite premièrement pour punir, deuxièmement pour protéger la société. Certainement pas pour réhabiliter. Appelé à présider la commission d'enquête sur le crime aux États-Unis, il a constaté qu'aucun témoin n'a évoqué le terme de réhabilitation ni contesté l'opportunité de la prison. Même pas Ted Kennedy. La vogue anti-pénitentiaire des années 60 lui paraît définitivement close [1].

Mais, c'est davantage qu'une mode qui a passé. Le discours de Griffin Bell est plus que conservateur, il est révolutionnaire pour l'Amérique, en opposition avec un siècle et demi de tradition. Car c'est aux États-Unis que l'idée même de réhabilitation apparut dans la secte protestante des Quakers et fut mise en œuvre pour la première fois dans l'histoire pénitentiaire avec la construction de la prison de Philadelphie, en 1820. Les salles communes de détention, supposées favoriser la promiscuité et la corruption, furent remplacées par des cellules individuelles afin d'éviter la contagion du crime et de permettre aux prisonniers de méditer sur leurs fautes avant d'être rendus à la société civile. Malheureusement, l'isolement trop absolu conduisit à de multiples cas de folie et à des suicides. Le modèle fut donc perfectionné à Auburn avec l'introduction du travail dans les prisons.

Dans la même région qu'Attica, au nord de l'État de

1. La réforme judiciaire conservatrice de Griffin Bell a directement inspiré le gouvernement français de l'époque dans la rédaction de la loi Sécurité et Liberté défendue par le garde des Sceaux Alain Peyrefitte.

New-York, l'atmosphère d'Auburn paraît moins pesante. Cela vient peut-être de la personnalité de son directeur, Robert Henderson, qui tient à faire partager à ses clients un peu du rêve américain. Auburn est, d'une certaine manière, à l'image de l'Amérique. On y croit au travail, à l'éducation, à l'argent. Un prisonnier peut gagner 30 dollars par semaine, logé, nourri, et le chiffre d'affaires de la prison s'est élevé, en 1981, à 6,5 millions de dollars. Auburn produit la totalité des plaques d'immatriculation de l'État de New-York et les prisonniers ne quittent l'atelier que pour suivre des cours, 80 % d'entre eux n'ayant reçu aucune formation secondaire durant leur vie civile. En fait, Robert Henderson reconnaît qu'en occupant le plus possible les prisonniers, il veille à ce qu'ils n'aient aucun temps libre pour comploter.

A Auburn, on croit aussi au progrès technique, avec l'introduction d'ordinateurs pour gérer la prison et former les prisonniers à l'informatique. L'appareil a été gracieusement offert par IBM. Auburn, comme Attica, est l'image inversée de l'Amérique conservatrice : 54 % de prisonniers noirs, 14 % d'Hispaniques et moins d'un tiers de Blancs.

Mais Auburn, c'est aussi, pour nous, Tocqueville en Amérique ; c'est même le véritable but de son voyage de 1831, qui sera éclipsé dans l'histoire par l'œuvre encore à venir. A l'époque, Alexis de Tocqueville est un jeune magistrat mis sur la touche par le gouvernement de Louis-Philippe à cause de ses sympathies politiques pour Charles X. Privé de toute perspective d'avancement, Tocqueville cherche une issue. L'Amérique est dans l'air et la réforme pénitentiaire d'Auburn lui paraît être un bon sujet. C'est aussi un bon prétexte. Dans une lettre, il explique à son ami Beaumont, qui l'accompagnera, qu'il veut « faire un coup », comme on dirait aujourd'hui dans le monde des arts et du spectacle. Ce lointain précurseur des intellectuels parisiens écrit : « Si le moment est favorable, une sorte de publication me ferait connaître du public et orienterait l'attention du monde politique sur ma personne. » Il propose donc au garde des Sceaux une enquête sur place. Le ministre accepte, trop heureux de s'en débarrasser, lui assure les introductions nécessaires, mais ne va quand même pas jusqu'à payer son voyage qui sera pris en charge par sa famille. Accompagné par Gustave de Beaumont, Tocqueville part du Havre le 2 avril 1831, débarque à Newport le 9 mai, et sera à Auburn un mois plus tard. Il y rencontre le lointain prédécesseur de Robert Henderson. A l'époque, Auburn représente l'extrême limite de la civilisation américaine, c'est la Frontière. Il ne reste du bâtiment d'alors que deux tours de style médiéval à l'entrée de la prison, absurdement petites par rapport à l'ensemble reconstruit en 1930 à la suite — déjà — d'une mutinerie. Tocqueville séjournera encore huit mois aux États-Unis, remettra son rapport au garde des Sceaux et passera trois ans à écrire le premier volume de *La Démocratie en Amérique,* le livre français le plus célèbre aux États-Unis.

C'est à Auburn que fut pour la première fois utilisée la chaise électrique. Une plaque de fonte bleue et or, comme toutes celles qui signalent les monuments historiques, rappelle qu'ici fut exécuté William Kemmler, le 6 août 1890. La chaise ne sert plus depuis de nombreuses années, mais les parlementaires de l'État de New-York s'emploient à la faire sortir du musée en votant chaque année le rétablissement de la peine de mort. Jusqu'à présent, le gouverneur de l'État y a opposé son veto. Mais, à la fin de 1982, 38 États avaient rétabli la peine de mort après l'avoir abolie. Le dernier en date, le Massachusetts, donne aux condamnés le choix entre l'électrocution ou l'injection de penthotal.

Aujourd'hui, Tocqueville n'aurait plus aucune raison de retourner à Auburn. La première prison « moderne » de l'histoire n'a plus aucune prétention philosophique. Comme le dit Griffin Bell, « il ne faut pas que les directeurs de prison oublient qu'ils sont les garants de la sécurité publique, et pas des marchands de quincaillerie ».

Le voyage de Tocqueville a trop souvent été répété pour se lancer ici à nouveau dans une comparaison entre l'Amérique de son temps et celle d'aujourd'hui[2]. Pourtant, sur deux points au moins, les observations de Tocqueville peuvent servir à l'analyse de la présente révolution conservatrice. Tocqueville appréhendait que la loi de la majorité ne conduisît à l'oppression des individus. Jusqu'ici, la société américaine a échappé au totalitarisme, mais précisément par des révoltes populistes périodiques comme celle que nous constatons, qui visent à empêcher l'État de faire le bonheur des citoyens malgré eux. Tocqueville estimait aussi que la manière dont la démocratie américaine résoudrait le problème noir signerait son échec ou sa réussite. Les progrès accomplis ont certes été immenses par comparaison avec la société esclavagiste, mais le problème noir a été remplacé par celui de la pauvreté qui inclut pour beaucoup les minorités raciales. La démocratie américaine n'a pas encore apporté de réponse satisfai-

2. Pour les amateurs, le livre le plus complet sur ce thème est celui de Robert Reeves, publié en 1981, *An American Journey* (Un Voyage américain), où l'auteur a refait dans le même temps le parcours exact de Tocqueville et rencontré l'équivalent de ses interlocuteurs d'il y a 150 ans. La conclusion de Reeves est que les Américains attendent tout de leur gouvernement, contrairement à ce qu'il en était à l'époque de Tocqueville. Mais son jugement nous paraît totalement faussé dans la mesure où il n'a rencontré que des membres de la Nouvelle Classe bureaucratique.

sante au problème des inadaptés du capitalisme ; elle hésite entre les parquer dans des réserves, les entretenir dans l'indigence, les faire entrer de gré ou de force dans le circuit économique. Les conservateurs ont théoriquement choi la troisième solution, sauf qu'en période de crise elle fonctionne mal. Le risque d'un dérapage idéologique, par lequel la droite considérerait ces inadaptés comme une classe dangereuse, ne peut être écarté a priori. Mais la démocratie américaine a suffisamment prouvé sa vitalité pour qu'on puisse parier que la révolution conservatrice ne sera jamais fascisante.

12.

Le refus de l'impôt

Au panthéon de la majorité silencieuse, Phyllis Schlafly protège l'éternel féminin, Jerry Falwell la famille chrétienne, Howard Jarvis le contribuable.

De Jarvis, le président Carter déclarait qu'il exprimait à lui seul la perte de confiance des Américains dans leur gouvernement. Parmi les leaders populistes, c'est lui, en tout cas, qui aura le plus contribué à ébranler le système politique en organisant avec succès la révolte fiscale qui, depuis 1978, a déjà obtenu gain de cause dans onze États. Les théoriciens de l'économie de l'offre ont depuis lors apporté une justification rationnelle à cette réduction des impôts, mais le mouvement est bien parti de la base.

En 1962, Jarvis, qui vient de prendre sa retraite après avoir fait fortune dans les fers à repasser électriques et les radiateurs à gaz, fonde à Los Angeles, avec un groupe d'amis, une association de lutte contre l'impôt. Tous ont plus de 60 ans et sont inquiets de la progression de l'impôt foncier qui, chaque année, pèse plus lourd sur leur résidence. De nombreux retraités de Californie, dont les revenus ne sont pas indexés sur l'inflation, craignent à juste titre que cet impôt sur le capital, indépendant du montant de leurs ressources, ne conduise à la confiscation de leur propriété. C'est effectivement ce qui se produit au fur et à mesure que les prix augmentent, que l'État de Californie et la ville de Los Angeles doivent financer des dépenses sociales en croissance rapide par le recours massif à un impôt qui paraît surtout toucher les riches. Mais, en Amérique plus encore qu'ailleurs, la maison individuelle est sacrée.

Jarvis, doué d'un réel talent d'organisateur, a l'idée de recourir à l'initiative populaire autorisée par la Constitution de Californie — et de 27 autres États américains — pour bloquer par référendum l'impôt sur la propriété. En 1978 — il lui aura fallu douze ans d'efforts —, il parvient à recueillir 1,5 million de signatures, seuil nécessaire pour que la pétition soit soumise au vote ; sous le titre « Proposition 13 », elle est ratifiée par deux tiers des électeurs et inscrite dans la Constitution de l'État. La campagne aura coûté 3 millions de dollars, financée par les cotisations des membres et les dons suscités par des mailings, des réunions publiques, des spots télévisés, le tout servi par l'immense talent d'acteur de Jarvis.

Jarvis est un curieux mélange de vieillard rassurant à la tenue négligée, fumant le cigare dès son réveil, de juriste sérieux à grosses lunettes d'écaille, d'homme d'affaires à succès et d'intarissable conteur d'histoires. Son discours, sans ligne directrice très claire, est nourri de ses rencontres occasionnelles avec Eisenhower, Churchill, Margaret Thatcher, et de ses lectures favorites : *Richesse et pauvreté*, de George Gilder, et *Le Défi mondial* de Jean-Jacques Servan-Schreiber, qu'il croit Américain. Mais, fondamentalement, ce qui fait courir Jarvis, c'est la haine de l'État, des politiciens et aussi des médias et des enseignants qui ont lutté contre la

« Proposition 13 ». L'anti-étatisme de Jarvis s'est teinté d'un très fort anti-intellectualisme.

Bien sûr, tous les contribuables sont hostiles aux impôts, tout propriétaire particulièrement à l'impôt foncier, mais le succès de Jarvis ne s'expliquerait pas si cette hostilité n'était alimentée par une contestation politique plus vaste. Le fondement de la révolte des contribuables, c'est qu'il n'y a pas place pour l'État dans le rêve américain. Les États-Unis sont une création permanente des individus, non un produit du pouvoir central, comme ont pu l'être les nations européennes. L'hypertrophie de la bureaucratie et de l'administration de Washington est vivement ressentie comme une atteinte à l'éthique nationale.

De plus, les classes moyennes — la clientèle de Jarvis — considèrent que le gonflement des dépenses publiques est dû à des groupes sociaux qui ne jouent pas le jeu américain : fonctionnaires improductifs, enseignants gauchistes, profiteurs de la Sécurité sociale. La meilleure méthode, pour éliminer ces parasites, consiste à leur couper les vivres. Directement, sans passer par la classe politique qui, elle aussi, est devenue parasitaire. Jarvis ne fait aucunement confiance aux hommes politiques pour réduire d'eux-mêmes le train de vie de l'État. Seul, un court-circuitage par le peuple — là où les référendums sont autorisés — parviendra à réduire les dépenses. Ainsi la « Proposition 13 », pour la Californie, limite-t-elle au taux maximum de 1 % de la valeur du marché la taxation des propriétés. Ce taux peut éventuellement être dépassé après un vote spécifique obtenu à la majorité des deux tiers au Congrès de l'État. Le dispositif, qui est habile, ne bloque donc pas en toutes circonstances les recettes publiques, mais oblige les parlementaires à s'en expliquer. La même formule a été retenue par Reagan dans un projet d'amendement à la Constitution américaine : le Parlement devrait, par un vote à la majorité des deux tiers, choisir publiquement (sauf en temps de guerre) la voie inconfortable du déficit.

Quatre ans après l'adoption de la « Proposition 13 », les catastrophes annoncées par les adversaires de Jarvis ne se sont pas produites. Le gouverneur libéral de Californie de l'époque, Jerry Brown, ainsi que la quasi-totalité de la presse locale et de l'intelligentsia, laissaient entendre qu'il faudrait licencier 450 000 fonctionnaires, supprimer les services de lutte contre les incendies et fermer un tiers des écoles publiques. Jarvis n'aurait pas été mécontent de pareilles conséquences : il estime que les écoles publiques n'enseignent de toute manière que la décadence et le masochisme, et que la lutte contre les incendies peut être confiée au secteur privé comme c'est le cas, avec succès, en Arizona. En fait, la perte de ressources sur le foncier, de l'ordre de 50 %, a été compensée par d'autres recettes qui s'expliquent soit par l'inflation, soit par le supplément de prospérité engendré par la « Proposition 13 ». Jarvis soutient en effet que la détaxation a créé 90 000 emplois nouveaux dans le secteur privé, démontrant ainsi l'exactitude de la « courbe de Laffer ».

Arthur Laffer est un jeune économiste de quarante ans, professeur à l'université de Stanford en Californie, le gourou du poujadisme fiscal. Sa courbe montre qu'un même résultat fiscal pour l'État peut être obtenu avec des taux d'imposition différents. Autrement dit, si vous produisez 100 et que le taux d'imposition est de 50 %, l'État vous prend 50 ; mais si le taux n'est que de 25 %, le produit pour l'État ne sera pas de 25, car vous serez motivé par la perspective de gagner plus. Vous produirez alors 200 et l'État recevra toujours 50. Pour l'État, le résultat est donc le même, mais vous êtes devenu deux fois plus riche. A l'inverse, l'État peut obtenir les mêmes rentrées fiscales avec deux taux d'imposition différents : un fort, un faible. Ainsi, à la limite, avec un taux 0, le produit fiscal est nul, mais avec un taux de 100 %, il est également nul, car plus personne ne travaille. Entre ces deux extrémités de la courbe de Laffer se situe le taux optimum pour lequel l'État obtiendra un maximum de ressources pour une taxation minimum.

La courbe de Laffer est moins une formule mathématique rigoureuse qu'une incitation à diminuer les taux afin de stimuler l'économie et de déplacer les ressources des refuges fiscaux vers les investissements productifs. Laffer permet de réconcilier deux impératifs apparemment contradictoires : abaisser les impôts frappant le secteur privé sans pour autant couper dans les dépenses du secteur public. Élémentaire ! Et comme tout peut être démontré, du moins sur le long terme, Laffer ou George Gilder l'ont fait en se référant à des civilisations passées et plus ou moins oubliées. *A contrario,* pour la période récente, ces économistes s'appuient sur l'exemple des social-démocraties anglaise et suédoise pour démontrer l'effet démotivant de taux d'impôts prohibitifs.

Les économistes libéraux ont évidemment accueilli avec mépris la théorie de Laffer. Ils l'ont dénoncée à la fois comme une opération politique visant à diminuer les impôts des riches et comme une hérésie qui réintroduit des attendus psychologiques dans le circuit scientifique. Mais le débat a rapidement échappé aux spécialistes et s'est trouvé porté devant toute l'opinion publique, de manière assez inattendue pour une théorie économique destinée initialement à une audience restreinte. A cela, plusieurs explications : d'abord, une grande familiarité des Américains avec l'économie, qui n'est pas considérée a priori comme une discipline mystérieuse, mais au contraire comme le plus grand dénominateur commun de ce pays : gagner de l'argent et le placer. Le rapport des Américains à l'argent n'est pas entaché des mêmes préjugés moraux qu'en Europe. La diffusion de masse du *Wall Street Journal* l'atteste. Ensuite, la progressivité des impôts personnels est beaucoup plus forte aux États-Unis qu'en Europe, la douleur fiscale y est par conséquent plus immédiatement sensible. La part du produit intérieur brut prélevée par les impôts progressifs (impôt sur le revenu, sur les gains en capital et sur le foncier) est, en proportion, dix fois plus élevée qu'en France. Mais c'est surtout parce qu'un journaliste du *Wall Street Journal,* Jude Wanniski, a converti à la théorie de Laffer un député de l'État de New-York, Jack Kemp, que celle-ci est devenue populaire. Avec talent, Kemp a fait de la réduction des impôts son projet politique. Comment une telle théorie n'emporterait-elle pas l'adhésion enthousiaste des politiciens, de la presse et de l'opinion ? C'est l'économie à la portée de tous. Ainsi, pour Barbara Anderson, « *Laffer, ça marche !* ».

Barbara Anderson est professeur de natation, son mari mécanicien dans un garage. Elle a trente-cinq ans, elle est belle, elle porte un K-way et des chaussures de tennis, et elle exaspère la classe politique du Massachusetts. Présidente du Comité des citoyens pour la limitation fiscale, avec trois personnes à temps plein et 6000 volontaires, elle a réussi à bloquer, depuis 1974, toutes les tentatives du Parlement de l'État visant à augmenter les impôts [1]. Son comité a pourtant contre lui la quasi-totalité de la classe politique, les journaux et la

1. Les impôts sont tellement élevés dans le Massachusetts que cet État est surnommé le *Taxachussetts.*

télévision, l'intelligentsia, le corps enseignant, les mouvements féministes et les employés des services publics.

Par la technique du porte-à-porte et du courrier personnalisé, tous ces obstacles institutionnels ont pu être pris à revers. Le comité a réuni les 60 000 signatures nécessaires pour la mise aux voix populaires de ses propositions. Un premier référendum, en 1980, a diminué de 15 % l'impôt foncier que les propriétaires payaient aux communes. Un second, allant beaucoup plus loin que le précédent de Californie, bloque à 5 % maximum le taux de l'impôt sur le revenu que l'État du Massachusetts peut surajouter à l'impôt fédéral ; de plus, il en annule la progressivité au niveau local. L'argument selon lequel la progressivité de l'impôt sur le revenu décourage l'initiative et le travail a donc été ratifié par les masses : 59 % des électeurs.

Ce dernier vote enfonce la ligne de repli des libéraux. Ceux-ci avaient dû admettre l'impopularité de l'impôt foncier en reconnaissant qu'il pénalisait tous les Américains, même les plus modestes. Ils espéraient ainsi canaliser la révolte fiscale en l'interprétant comme une révolte égalitaire. Mais ils n'attendaient pas que l'impôt sur le revenu, qui touche les riches plus que les pauvres, soit à son tour remis en cause. La vérité est sans doute que les Américains, même pauvres, aspirent à devenir riches et partagent d'avance les préoccupations des riches.

La révolte fiscale est sans conteste une révolution populiste, la seule peut-être avec le mouvement antiféministe. Les autres revendications sociales de la droite, comme l'interdiction de l'avortement ou le rétablissement des prières dans les écoles, sont le fait de minorités agissantes mais qui ne peuvent se réclamer d'une véritable audience nationale.

En dépit des dénégations de la gauche américaine,

cette révolte n'a pas perdu son élan. Dans l'Oregon, en novembre 1982, le mouvement pour la limitation des impôts a proposé pour la quatrième fois un référendum calqué sur la « Proposition 13 » de Californie ; ce fut un échec, mais de fort peu : 49,2 % des voix, contre 36 % l'année précédente. Le gouverneur de l'État, Victor Atiyeh, ne s'y est pas trompé en déclarant qu'il s'agissait là d'un message « clair et fort » et qu'il en tiendrait compte.

Dans onze autres États, toujours en novembre 1982, les électeurs ont décidé des réductions fiscales ou rejeté des augmentations. Ces référendums ne se limitent plus à poser des principes, mais entrent dans le détail de la législation fiscale : plafonnement de l'impôt foncier en Alaska, refus de l'indexation de l'impôt sur le revenu dans le Maine, par exemple. Certains États ont augmenté un impôt pour en réduire un autre. Ainsi, dans le Missouri, une proposition soutenue par le corps enseignant a augmenté la taxe sur les achats de 1 % et a compensé cet accroissement par une baisse de l'impôt foncier. En Californie, une centaine de référendums municipaux sont venus confirmer l'audience de la « Proposition 13 » en réduisant systématiquement les taux de l'impôt sur la propriété prélevé par les communes.

Dans l'État de Washington, la gauche a essayé de noyauter le mouvement en proposant une taxe supplémentaire de 10 % sur les profits des entreprises, en contrepartie de la suppression d'une taxe existante de 6 % sur l'alimentation. Deux tiers des électeurs ont repoussé cette réforme, ce qui révèle clairement la nature de la révolte fiscale : elle n'exprime pas une revendication de justice sociale, de redistribution par l'impôt. C'est un refus brutal et exaspéré opposé à l'impôt, aux dépenses publiques, à la bureaucratie et aux politiciens. Pour toute la classe politique en général, il témoigne d'une perte d'influence considérable, d'une suspicion permanente mettant en cause son utilité et son honnêteté. Pour la gauche surtout, il s'agit d'une grave remise en question de la nature même de sa philosophie politique : sans ressources, la Grande Société ne peut plus fonctionner.

La droite s'accommode mieux d'une révolte qui alimente sa propre campagne anti-étatique. Dans la foulée des élections de novembre 1982, qui n'ont été qu'un échec partiel pour Ronald Reagan, le Président a annoncé qu'il poursuivrait son programme de réductions fiscales. Le mois suivant, après la publication d'indices économiques particulièrement inquiétants, il a surenchéri en demandant au Congrès d'avancer au 1er janvier 1983 les réductions fiscales prévues pour le 1er juillet.

En définitive, le budget de 1983 confirme pour la troisième année consécutive une nouvelle baisse des taux de l'impôt sur le revenu : 25 % depuis l'arrivée au pouvoir de Reagan. Remarquable continuité politique, en dépit d'un déficit budgétaire considérable. Les impôts d'une famille de quatre personnes gagnant 20 000 $ diminueront en 1983 de 98 $, et de 556 $ pour une famille équivalante disposant d'un revenu de 60 000 $. L'avantage est donc d'autant plus sensible que le revenu est élevé. S'y ajoutent une réduction du taux d'imposition sur les plus-values en capital de 28 à 20 %, et une indexation des tranches de revenu sur l'inflation.

Les économistes conservateurs ont comparé cette réduction d'impôts à une injection de vitamines dans les veines de l'économie malade de trop de charges. La gauche crie au déficit et réclame une politique de grands travaux et d'investissements publics massifs. Dans les deux hypothèses, le problème du financement paraît impossible à résoudre et les résultats ne peuvent être qu'à long terme, alors que chacun en attend des effets immédiats. Comme, dans aucun cas de figure, il n'y aura de solution rapide, la révolte populiste contre la classe politique ne peut que s'amplifier, réduisant encore plus les ressources publiques et les capacités d'intervention de l'État.

La révolte des contribuables, sans précédent historique aux États-Unis, illustre en fait une crise profonde du système politique américain et de sa version libérale. Elle va bien au-delà d'un poujadisme et de la défense immédiate d'intérêts particuliers. Son ambition est de déstabiliser l'État providence, de réduire l'influence de politiciens qui ne sont que des parasites professionnels, démagogues et profiteurs. Le peuple, qui ne se sent pas représenté par la classe politique, défend ses intérêts par la démocratie directe et des circuits courts de décision. Cette méthode relie entre eux tous les mouvements populistes. Au lieu de s'appuyer sur une idéologie globale, abstraite, antilibérale, la révolte conservatrice transite par la lutte contre le crime, le droit de porter des armes, le rejet de l'égalitarisme féministe, l'intégrisme religieux, l'épuration des livres scolaires, le refus de l'impôt foncier. Le contraste est saisissant entre l'intense participation des citoyens à ces mouvements comme à la vie locale, associative, professionnelle, morale, religieuse, et un absentéisme politique considérable : rarement plus de 50 % de votants aux élections présidentielles ou parlementaires.

Pourtant, nul n'envisage aux États-Unis que les institutions politiques puissent être remises en cause. La révolte populiste ne conduit pas à une réforme du régime représentatif, mais à une transformation de l'intérieur de l'État, au remplacement de l'État tuteur et tutélaire par un État minimum et libertaire. De manière pragmatique, au traditionnel équilibre des pouvoirs exécutif, législatif et judiciaire décrit par la Constitution s'est substitué un nouvel équilibre entre la politique traditionnelle inhérente au système et la contestation populaire hors de ce système. Son bulletin de vote dans une main, son chèque pour Falwell, Jarvis, Schlafly ou Gabler dans l'autre, le citoyen américain a réinventé une démocratie peu conformiste, vivante et au fond assez gaie.

QUATRIÈME PARTIE

Le modèle conservateur

13.

L'État minimum

L'État, aux yeux des conservateurs, est une invention libérale, un cancer de gauche qui tue à petit feu les sociétés libres. Il doit être combattu, ramené à ses missions élémentaires et géré comme une entreprise.

Mais l'État n'est pas en Amérique ce qu'il est en France. Il y a d'abord deux États : celui auquel on appartient et on s'identifie — le Texas, la Virginie, le Nebraska, etc. — et l'autre, là-bas, à Washington, l'État fédéral. Les conservateurs aiment le premier et détestent le second. Être Texan ou Californien, c'est en effet tout autre chose qu'être Normand ou Bourguignon. Ce n'est pas seulement une nostalgie provinciale ou une quête d'enracinement : c'est un mode de vie, une culture, un accent. Ces États sont des quasi-nations. A l'inverse de l'Europe, la nation américaine n'est en aucun cas le produit de l'État central. Historiquement, c'est tout le contraire. Ce sont les États de base qui, par contrat passé entre eux, ont créé la Fédération d'origine, à treize, puis y ont adhéré librement au long du XIXe et du XXe siècle, jusqu'au nombre de cinquante. Ce sont également les États qui ont créé les collectivités locales de base, les comtés et les communes démocratiquement administrés par les citoyens. Chacun de ces États a sa Constitution, son Parlement, généralement un modèle-réduit de l'architecture du Capitole de Washington, avec une Chambre des Représentants et un Sénat, son Gouverneur, sa Cour suprême, et chacun définit librement son droit interne. Chacun, en fait, est une petite république, de même que chaque comté. Ce droit de se gouverner soi-même, le *self-government,* à tous les échelons de la vie publique, est la clé du comportement politique américain.

L'État central n'occupe donc dans l'histoire qu'une place récente. Le peuple américain est profondément conscient d'avoir fait son destin sans l'État, sans police, ou avec le peu d'État légué par les pères fondateurs du XVIIIe siècle. De plus, les immigrés venaient de pays européens où c'était précisément un trop-d'État despotique qui les avait chassés.

C'est l'État de base, et non pas Washington, qui aujourd'hui encore réglemente l'essentiel de la vie quotidienne des citoyens, leur éducation, leur sécurité, leur droit civil et pénal, leurs impôts. Mais, en même temps, l'histoire moderne des États-Unis est celle d'un accroissement exponentiel du rôle de la Fédération depuis la Première guerre mondiale, plus précisément depuis l'arrivée au pouvoir du président démocrate Woodrow Wilson en 1912. A l'époque, tout le gouvernement des États-Unis tient encore dans une grande maison victorienne, l'Old Executive Building, à côté de la Maison-Blanche. Aujourd'hui, ce bâtiment est à peine suffisant pour loger le Cabinet du président des États-Unis, et la Fédération emploie 3 millions de fonctionnaires. L'explication de cette montée en puissance de l'État central, fournie ordinairement dans tous les ouvrages de sciences politiques de part et d'autre de l'Atlantique, fait référence, par identification à l'Europe, aux responsabilités nouvelles, sociales, économiques et militaires de tout État moderne. Il s'agirait en somme d'une logique historique, d'une nécessité de progrès.

Les conservateurs américains repoussent aujourd'hui complètement cette interprétation mécaniste, pour lui substituer une analyse idéologique. L'étatisation n'aurait été ni accidentelle, ni nécessaire, mais organisée en fonction d'un projet de société fortement influencé par le socialisme européen. Cette infiltration idéologique, qui commence avec Woodrow Wilson[1], franchit une étape décisive en 1933 avec l'élection de Franklin Roosevelt qui coalise toutes les gauches pour la conquête du pouvoir : les travaillistes, favorables à la redistribution des richesses, les keynésiens qui pensent résoudre la crise économique par une politique de grands travaux et par le déficit budgétaire, les marxistes qui préconisent les nationalisations. Cette irruption de l'idéologie de gauche sur la scène politique américaine aurait été facilitée par une intense préparation culturelle à travers les médias et les universités, à l'initiative des grandes Fondations privées. Paradoxalement, les premières Fondations philanthropiques des Rockefeller ou des Carnegie disposent à partir de cette époque de ressources considérables administrées par des intellectuels de gauche. Elles seront les réservoirs à idées de la gauche libérale pendant cinquante ans et, par leurs subventions, contrôleront toute la production et la diffusion culturelles.

Cette théorie de la conspiration étatique, financée par Wall Street et orchestrée par des intellectuels socialistes important leurs idées de l'étranger, n'est défendue aussi clairement que par les ultra-conservateurs,

1. Wilson crée en particulier la Banque centrale, le *Federal Reserve System*, préalable à une centralisation économique à l'image de l'Europe.

comme le sénateur de Caroline du Nord, Jesse Helms qui voit dans le libéralisme une véritable agression contre la culture américaine[2].

Jusqu'à un certain degré, beaucoup d'Américains sont persuadés que l'État n'est pas neutre, mais libéral par essence, et que l'Europe ne peut leur apporter que la corruption de leurs vertus naturelles, celles de l'Amérique authentique. Au fond, l'Europe vue par un conservateur américain, c'est Freud + Marx. Freud lui-même n'aurait-il pas dit en débarquant à New York : « Ils m'acclament, mais ils ne savent pas que je leur apporte la peste... » ?

Complot ou pas, il est incontestable que la gauche américaine a favorisé la centralisation comme mode d'intervention sociale et économique au service d'un projet, ce qui est fort banal, mais aussi comme mode de résolution des conflits, ce qui est beaucoup plus original et aide à comprendre pourquoi la droite est en revanche décentralisatrice et favorable au renforcement du pouvoir des États locaux[3].

C'est par la décentralisation — en fait, un nouveau contrat entre l'État central et les États fédérés, le *néo-fédéralisme*[4] — que l'État libéral pourra être remplacé

2. Douglas Frazer partage une analyse voisine, sans en tirer bien entendu les mêmes conséquences. Il observe en particulier que le programme de Roosevelt fut entièrement repris du programme socialiste de Norman Thomas. Pour lui, l'Amérique souffre d'un manque d'État, et seul un renforcement du pouvoir exécutif permettrait de résoudre la crise économique. L'équilibre traditionnel des pouvoirs hérité du XVIIIe siècle doit être abandonné, parce qu'il ralentit trop les décisions.

3. Le débat entre conservateurs et libéraux est aussi ancien que les États-Unis. Dès l'origine, s'opposent les partisans de l'État minimum et de l'autogestion locale, autour de Jefferson, et ceux de l'État interventionniste autour de Hamilton, les fondateurs de la démocratie américaine. Par ailleurs, Jefferson était progressiste : à l'époque, la décentralisation était donc de gauche !

4. La droite a un goût marqué pour le préfixe *néo :* néo-conserva-

par le nouvel État conservateur : un État-minimum. Les États de base, chez nous les collectivités locales, seraient en effet par nature — sont en tout cas aux États-Unis — plus conservateurs que l'État central.

Les États locaux ont toujours mieux résisté à l'assaut libéral que le pouvoir central. Les Parlements des États s'estiment les gardiens des valeurs conservatrices contre Washington. Ce comportement participe de leur histoire, mais s'explique aussi par leur électorat plus blanc, plus « petites villes » et « classes moyennes » que celui des grandes métropoles de l'Est où siège le pouvoir politique et culturel, de 1933 à 1980. Les minorités défavorisées, noirs, immigrés récents, pauvres, se font donc mieux entendre à Washington qu'auprès des Congrès locaux. Nous avons vu comment le féminisme radical avait pu exercer une pression suffisante sur le pouvoir central pour faire adopter l'amendement sur l'égalité des droits, mais s'était brisé devant la résistance organisée des cinquante Parlements locaux. Même chose pour les Noirs : le combat pour les droits civils a été victorieux parce qu'il a outrepassé la compétence des États pour devenir une affaire nationale. L'État fédéral, dans le schéma libéral, a pour fonction de résoudre les conflits qui ne peuvent trouver d'issue à la base. Et c'est au cœur de l'État central que se retranche la Nouvelle Classe, la bureaucratie du pouvoir.

Autour de ce thème, Richard Viguerie essaie de fédérer les mouvements populistes. Il faut, dit-il, que tous ces groupes d'intérêts particuliers, contre l'avortement, contre le contrôle des armes, contre la laïcité, prennent

teur, néo-patriotisme, néo-fédéralisme, qui, comme partout, désigne plutôt ce qui est *rétro*. La gauche préfère le terme *nouveau :* Nouvelle Frontière, Nouvelle Donne...

conscience de leur ennemi commun : l'élite irresponsable et anonyme du pouvoir. La Nouvelle Classe est composée d'êtres sans chair, les « têtes d'œuf », les « inconnus de la Maison-Blanche ». Ces zombies habitent naturellement une ville artificielle, Washington, qui a été arbitrairement créée pour être une capitale et n'être que cela. Washington est par essence coupée des réalités, sans âme. Elle n'est pas l'œuvre des pionniers et des défricheurs, mais des politiciens et des technocrates. Son urbanisme au carré, ses avenues à angle droit qui n'ont pas de noms, mais seulement des numéros, ou qui sont désignées par des lettres, son architecture officielle, imposante, dépouillée, froide, sont autant de signes de cet éloignement du réel. L'air de Washington est corrupteur et oblige les politiciens à se ressourcer régulièrement à la base — son village de Plains pour Carter, son ranch de Californie pour Reagan, leurs circonscriptions pour les parlementaires.

Cette haine de la ville est une constante de la rhétorique conservatrice : la ville est mauvaise, corruptrice, matérialiste, violente. En revanche, le bourg est harmonieux, le bon voisinage y est de règle, les différences sociales modérées, les bonnes mœurs et la religion incontestées. Cette inclination pour la vie rurale est une tradition historique qui remonte à Jefferson et qui explique que pratiquement toutes les capitales des États américains, à commencer par Washington, ont été installées loin des centres urbains. Paradoxalement, elle se trouve perpétuée, dans une nation totalement urbanisée, par l'influence évangéliste qui continue à idéaliser une vie rurale pratiquement disparue. Haine de la ville et haine de l'État sont en réalité deux expressions d'une même nostalgie du rêve américain sans villes et sans État.

Le néo-fédéralisme, pour l'heure, est autant un slogan qu'un programme précis, un « cri », pour reprendre l'expression du ministre de l'Intérieur, James Watt. Derrière ce néo-fédéralisme, les motivations sont nombreuses et complexes. Selon Reagan, il traduirait à la fois une volonté de rationalisation des dépenses publiques et un retour à la tradition. Double nostalgie de la bonne vieille Amérique et de son expérience personnelle de gouverneur de Californie dont il retira la conviction que les États sont mieux gérés que la Fédération. Mais le néo-fédéralisme est avant tout une attaque contre la Nouvelle Classe et contre l'État-providence. En affaiblissant le pouvoir central, les conservateurs espèrent réduire l'influence de la bureaucratie d'État fédérale. Alors que les fonctionnaires fédéraux échappent au contrôle politique, les fonctionnaires locaux sont le plus souvent nommés, en tout cas plus aisément contrôlés, par le Gouverneur. Il leur est plus difficile d'accéder à la Nouvelle Classe et de s'y retrancher. Le néo-fédéralisme, en confiant aux États la plupart des programmes d'assistance sociale, priverait la Nouvelle Classe de son principal levier d'action sur les masses. C'est bien cette décentralisation de l'aide aux plus pauvres qui suscite les plus fortes résistances des libéraux. Ezra Suleiman, professeur à Princeton et spécialiste de la décentralisation en France et aux États-Unis, dénonce ainsi dans le néo-fédéralisme une tentative machiavélique de démantèlement de la Grande Société visant à confier aux États, incapables de les gérer et de les financer, les programmes d'aide sociale. Le rêve néo-fédéraliste serait le cauchemar des déshérités ! Il est vrai que la décentralisation ramènerait pour l'essentiel au niveau local l'assistance aux pauvres. Les gouverneurs et parlementaires des États, même républicains, y sont à peu près tous hostiles. Ils avancent pour motif essentiel que les transferts de financements de

Washington ne suivraient certainement pas les transferts de responsabilités. Procès classique et argument connu — y compris en France — pour fuir des responsabilités désagréables...

Il est évident que la classe politique locale préfère s'abriter derrière Washington plutôt que d'affronter directement le problème de la pauvreté qui menace les villes américaines. Dans une enquête menée auprès des maires des États-Unis, à la question : « Quelle est actuellement votre préoccupation dominante ? », l'émergence des nouveaux pauvres vient loin devant la violence ou la dégradation — pourtant considérable — des routes, de la distribution de l'eau ou de l'assainissement. Le maire de San Antonio (Texas), qui a présenté au congrès des maires américains la synthèse de cette enquête, ajoute qu'il appartient à Washington d'y trouver une solution. Pour Cisneros, rééligible tous les deux ans, les nouveaux pauvres ne pèsent pas lourd dans son électorat, et la population locale accepterait mal qu'une fraction du budget de la ville soit affectée à l'assistance sociale plutôt qu'à l'amélioration de la voirie et des transports urbains. En fait, aux États-Unis comme dans les autres pays en crise, les riches ne veulent plus payer pour les pauvres, les travailleurs ne veulent plus payer pour les chômeurs, ni les actifs pour les retraités. En France, un président de conseil général ne serait pas plus enthousiasmé par la perspective de se voir confier le déficit de la Sécurité sociale ou de l'assurance chômage au nom de la décentralisation...

Les conservateurs, eux, estiment que la protection sociale ne doit plus être une fonction de l'État central, mais doit être dispensée et dispersée au plus près et au plus juste. L'État-providence étant dénoncé par la droite comme nuisible, en définitive, à ceux qu'il prétend protéger et sur-protéger, les collectivités locales administreraient les aides cas par cas ; ainsi, seuls les individus durablement inadaptés au combat pour la vie relèveraient de la charité publique, ou mieux encore privée, tandis que tous les autres seraient reconduits sur le marché du travail par le rétrécissement du filet social. Julian Bond, sénateur d'Atlanta, a bien résumé l'attitude des élus libéraux des États sur le néo-fédéralisme en me déclarant qu'en tant que sénateur de Georgie, il serait ravi de disposer de responsabilités accrues, mais qu'en tant que sénateur noir de Georgie, il ne faisait pas confiance à l'État de Georgie pour protéger les droits civils ni les droits économiques des minorités.

En dépit des résistances de la classe politique, le néo-fédéralisme est un thème populaire, et pas seulement par nostalgie de l'âge d'or. Il correspond à la pratique politique des Américains qui s'intéressent beaucoup à la vie locale et peu à la vie fédérale. Quel contraste entre la participation électorale aux élections nationales de novembre 1982 (30 à 50 % selon les États) et l'assiduité publique aux réunions du conseil municipal ou des associations de parents d'élèves ! L'intensité de la vie associative et communautaire à la base est inversement proportionnelle, aux États-Unis, à la vie politique institutionnelle. Exactement le contraire de ce qui se passe en France. La décentralisation accentuerait encore cet éparpillement social ; ce serait, selon Kevin Philips, la balkanisation de l'Amérique. A lire et écouter attentivement libéraux et conservateurs sur ce sujet, il est clair que la gauche redoute cette démassification de la société américaine et que la droite la souhaite. La gauche rêve d'une société unitaire, marchant d'un même pas vers le progrès : sa philosophie politique est intégrationiste, humaniste et centraliste. La droite fait confiance aux individus différenciés, fidèles à leurs origines ethniques ou locales, s'autogérant et s'associant librement.

L'analyse d'Ezra Suleiman est donc exacte : le néo-fédéralisme n'est pas seulement un ensemble de mesures administratives, c'est un projet de société qui repose sur la double volonté de détruire la Nouvelle Classe et l'État-providence. Les termes de centralisation et de décentralisation sont bien, aux États-Unis comme ailleurs, les plus trompeurs qui soient par leur apparente neutralité technique, et en vérité les plus explosifs, les plus révélateurs des tendances profondes d'une politique. L'expérience américaine tend également à montrer comment l'État central est lié au destin de la gauche, et combien la décentralisation favorise par nature la droite, renforce le pouvoir des notables sur les minorités déshéritées, le consensus conservateur sur les revendications marginales (noirs, pauvres, écologistes).

Le *néo-fédéralisme* est donc le premier pilier du nouvel État conservateur ; l'autre est la *privatisation.*

Pour la droite, seuls les individus, les personnes privées sont rationnels. L'État, jamais. Les choix de la bureaucratie, déguisés sous les apparences de la logique et du bien public, sont en vérité dictés par les intérêts de la Nouvelle Classe, et contraires aux intérêts de la nation. L'État conservateur doit donc être géré comme une entreprise privée.

C'est logiquement à un grand patron de sa génération, Peter Grace[5], que Ronald Reagan a demandé de

5. En 1978, Peter Grace avait mené une campagne de presse contre le projet de Jimmy Carter d'augmenter le taux d'imposition des plus-values en capital. Dans les pleines pages qu'il fit paraître, il

redessiner cet État privatisé. Héritier, en 1945, d'une entreprise de transport maritime avec l'Amérique latine, Peter Grace a fait de la Grace Company une des plus grandes entreprises chimiques du monde. Sa vie est une *success story* comme aiment à en raconter les apôtres du rêve américain. De son bureau au 48e étage de l'immeuble qui porte son nom, au centre de New York, son regard embrasse l'île de Manhattan ; l'Empire State Building paraît à portée de la main ; plus bas, dans la brume, les tours jumelles du World Trade Center et l'accumulation triomphante des gratte-ciel de Wall Street composent l'un des plus beaux paysages urbains du monde.

Grace n'est pas un intellectuel ; les rares livres à orner la bibliothèque de son bureau — qui, comme tous les bureaux des dirigeants américains, ressemble plutôt à un living room — sont consacrés à la chasse. Les étagères sont surtout encombrées de statuettes de la Vierge, d'une collection de chiens de faïence et de photos de ses neuf enfants. Visiblement habitué au commandement, traité par ses collaborateurs avec un excès de révérence surprenant dans un pays où les relations humaines sont généralement plus directes, Grace parle beaucoup et fort, sans doute parce qu'il est un peu sourd, et manie les chiffres plus aisément que les idées. Son obsession est la croissance ininterrompue de l'État. Le budget a été multiplié par deux cents entre l'année où il est entré au collège, sous Franklin Roosevelt, et 1982. Or, pour Grace, l'État tue l'entreprise, la libre initiative et, finalement, la liberté tout court. Syllogisme

expliquait en particulier que les deux tiers de ces profits bénéficiaient à des titulaires de revenus inférieurs à 50 000 $ par an, et qu'en définitive, la chasse aux gros contribuables pénaliserait surtout les petits. Le Congrès se laissa convaincre par cet argument et diminua le taux de l'impôt de 49 à 28 %, en novembre 1978.

classique de Novak et Gilder. Il n'y a pas de bon niveau de l'intervention publique. L'État est le mal en soi. Le déficit budgétaire aggrave encore cette nocivité en asséchant le marché financier, ce qui fait monter les taux d'intérêt et prive le capitalisme de capital. Selon Grace, il serait impossible, dans les années 80, de recréer la Grace Company qui emploie aujourd'hui 90 000 personnes : le financement serait introuvable.

Avant Grace, Ronald Reagan avait déjà confié, en 1968, à des chefs d'entreprise une étude similaire, lorsqu'il était gouverneur de Californie. Peter Grace a réuni en groupe de travail 165 des plus grands patrons américains. Ce groupe, aux termes de la lettre de mission de la Maison Blanche, est non partisan, non politique et entièrement bénévole. Les chefs d'entreprise se sont répartis les ministères, examinant comment ils pourraient être mieux gérés si les règles du management privé leur étaient appliquées, et ce qui, dans leurs attributions, pourrait être restitué au secteur privé.

En appliquant ces principes, peu d'activités publiques résistent à l'analyse. Prenons un exemple célèbre mais non évident : la navette spatiale. A première vue, le programme Columbia est un succès technique, politique et même économique, puisque la navette récupérable est supposée se rentabiliser par la location de ses services à des sociétés privées ; elle a commencé à le faire, en novembre 1982, en plaçant sur orbite deux satellites de télécommunications privés pour des entreprises américaine et canadienne qui ont payé chacune 9 millions de dollars. Illusion et mauvais calcul ! Une étude de la Fondation Heritage observe que le lancement de novembre 1982 s'est avéré lourdement déficitaire, les tarifs ayant été fixés très au-dessous du prix de revient ; que 50 % du budget de la NASA sont désormais affectés à ce programme et qu'il n'y a que quatre navettes, d'où une très faible répartition des risques, alors que ni la sécurité ni la rentabilité de Columbia par rapport aux fusées jetables de type Ariane ou Apollo n'ont été encore démontrées. La conclusion est que le programme spatial devrait être totalement privatisé, l'État se limitant à assurer la police de l'espace. Si le gouvernement a besoin des services d'un lanceur, il devra s'adresser à une société privée qui les lui vendra au prix du marché, et non l'inverse.

Cet exemple de raisonnement anti-étatique traduit bien la confiance absolue des conservateurs dans la libre entreprise et les lois du marché. Le retour au secteur privé, la privatisation, la suppression de tout ce qui peut gêner la libre entreprise, la dérégulation, sont donc les corollaires logiques du néo-fédéralisme. Tout ce qui peut être arbitré par le marché doit être rendu au secteur capitaliste.

Bien entendu, il appartiendra au gouvernement de retenir ou de rejeter les propositions de ce groupe de travail composé d'hommes d'affaires. A priori, Grace est pessimiste. L'accroissement des dépenses lui paraît inhérent au système institutionnel, en particulier à la mécanique parlementaire. Les parlementaires ont une responsabilité directe dans la croissance ininterrompue de l'État, en raison même de leur mode d'élection et de la faiblesse du système des partis. Le congressiste élu pour deux ans, obsédé par sa réélection, n'a aucune discipline de vote et se laisse guider par les intérêts immédiats de sa circonscription comme par les groupes de pression. Il utilisera son mandat à obtenir un maximum d'avantages particuliers, subventions, réglementations protectrices, dont les bénéfices seront concentrés sur ses électeurs et les coûts diffusés sur l'ensemble de la nation. Cette loi de maximisation des votes sur le marché politique est la règle du régime d'assemblée, dont les États-Unis offre un exemple unique et évident. Chaque député est ainsi conduit à adopter un comportement schizophrénique, réclamant un maximum d'avantages particuliers tout en dénonçant le coût de l'ensemble.

Grace espère que Ronald Reagan parviendra quand même à supprimer deux ministères : l'Éducation et l'Énergie. Vu d'Europe, ce n'est pas rien ! Vu de la gauche américaine, ce n'est pas rien non plus. Mais la privatisation ne concerne pas que les activités « économiques » de l'État, elle vise aussi ses fonctions « sociales ».

Fondamentalement, les conservateurs estiment que la plupart des programmes d'aide sociale sont nuisibles, parce qu'ils encouragent la fainéantise et découragent en tout cas la volonté de s'en sortir. Comme le dit Reagan, l'aide sociale empêche de gravir l'échelle économique. Mais, comme il restera néanmoins des pauvres et des inadaptés au combat pour la vie, il appartient aux organisations philanthropiques de s'en occuper cas par cas. Il y a suffisamment d'Américains qui travaillent, dit Reagan, pour prendre en charge leurs voisins au chômage.

En pratique, le budget de 1982 a rehaussé les seuils d'accès aux tickets d'alimentation pour les pauvres, à l'aide alimentaire des enfants de familles nécessiteuses et au remboursement des dépenses de santé. L'économie, pour le budget de l'État, a été de 2,5 milliards de dollars. En contre-partie, Reagan a invité les 50 principaux évangélistes du pays à organiser la charité. Jim Bakker a ainsi créé une centaine de *love centers* qui ne sont pas des lieux de perdition, comme leur nom pourrait le laisser croire, mais des centres de distribution gratuite de vêtements et de nourriture. Bien entendu, les images d'Américains faisant la queue devant les églises pour obtenir des boîtes de conserves scandalisent d'autant plus l'opinion que ce pays se définit précisément par la faculté théorique offerte à chacun de devenir riche. Mais, au total, les protestations restent modestes. Les Églises et les associations caritatives privées sont aux États-Unis très développées et trouvent normal de prendre les pauvres en charge. Les dons aux organisations charitables se sont élevés à 53 milliards de $ en 1981, soit en moyenne 230 $ par habitant, dont 44 milliards de contributions individuelles, le solde venant des entreprises. Ce chiffre représente 2 % du revenu moyen avant impôt, et la moitié des dons vont à des institutions religieuses. Il faut y ajouter que 90 millions d'Américains participent personnellement à des actions charitables, contribution évaluée à 64 milliards de dollars. Ces dons sont en partie déductibles du revenu imposable, tant pour les personnes physiques que pour les sociétés. En bonne logique, le plafond de déductibilité a été doublé en 1982, de 5 à 10 % du revenu imposable, pour les entreprises. D'après les conclusions du groupe de travail sur l'initiative privée *(task force on private sector initiatives)*, il suffirait de doubler le montant de ces dons pour résoudre totalement les besoins des pauvres et des chômeurs, sans plus aucune intervention publique.

Ainsi, à Wichita (Kansas), les chefs d'entreprise se sont constitués en « Club des 2 % », s'engageant à donner ce pourcentage du revenu de leurs activités à des actions philanthropiques. Le plus riche propriétaire de la ville accorde désormais une réduction de 25 % sur ses loyers en faveur des pauvres dans les 2000 appartements qui lui appartiennent, et en a réservé gratuitement 25 pour les cas d'urgence. L'association des hôteliers de Wichita a alloué 500 chambres aux familles sans logement. Les supermarchés ont ouvert des comptoirs gratuits pour les nécessiteux. Les cliniques de Wichita soignent gratuitement les malades sans ressources et sans assurance, mais leur demandent en contre-partie, une fois guéris, de rembourser en nature, par de menus travaux comme laver par terre, répondre au téléphone... Enfin, pour encourager l'élan philanthropique de la nation, le chanteur populaire Pat Boone a donné aux stations de radio locales 5 000 disques intitulés « Amérique, donne un coup de main ! » *(Lend a hand, America !)*

Le passage de l'État providence à la charité, inconcevable en Europe, peut donc être ici accepté. Mais les conservateurs au pouvoir ne sont cependant pas allés au terme de leur logique. L'aide publique a dans l'ensemble été maintenue, la dérégulation des activités privées s'avère très lente, et le grand élagage de la bureaucratie est encore à l'étude deux ans après l'arrivée au pouvoir de Reagan.

La Nouvelle Classe bureaucratique, solidement retranchée dans l'administration, dans l'enseignement, dans la justice et dans les médias, paraît capable de résister au-delà de la durée d'un mandat présidentiel. Néanmoins, le but symbolique est atteint. Il semble bien que la croissance ininterrompue de l'État soit bloquée. L'État est désormais suspect. Toute initiative pouvant conduire à un renforcement de ses attributions est rejetée — en tout cas par le gouvernement actuel. Cette suspicion persistera certainement, d'autant plus qu'elle est, à la base, renforcée par la révolte des contribuables. L'État minimum, à défaut d'être réalisé, est du moins devenu le critère, la référence et l'objectif des choix politiques. La révolution conservatrice américaine, par son idéologie, est la première révolution anti-étatique du XXe siècle.

14.

Le nouveau capitalisme

Deux billets de banque géants dialoguent. Au centre du premier — cent dollars —, le visage de Benjamin Franklin s'anime et rappelle que la liberté individuelle est indissociable de la liberté d'entreprendre. Sur le second — dix dollars —, Hamilton lui répond que la démocratie est fondée sur le droit de propriété et que le capitalisme est donc aussi sacré que la Constitution américaine. Puis les deux automates entonnent un hymne à la libre entreprise, pour le plus grand plaisir des grands et petits qui visitent Enterprise Square, à Oklahoma City.

Les autres attractions de ce Disneyland du capitalisme appellent la participation du visiteur qui peut jouer sur des machines électroniques à tous les métiers. L'engin lui lancera des défis économiques auxquels il devra répondre selon le même principe que tous les jeux vidéos. Ainsi, si vous choisissez d'être fabricant de croissants, attention à ne pas encourir la pénalité suprême : le blocage des prix par le gouvernement, qui vous ruine à coup sûr ! Dans une autre salle, un visage anonyme, l'État, énonce d'abord sur un mode enjoué les réglementations faites pour protéger la sécurité des citoyens, puis son rythme s'accélère au fur et à mesure que les règles deviennent plus compliquées, plus contraignantes. A la fin du programme, la machine s'affole, les images vidéos se troublent et le système explose.

Enterprise Square est l'un des instruments récents de la reconquête des esprits par l'idéologie capitaliste. Entièrement financée par des fonds privés, c'est une initiative de l'Université de l'Oklahoma, après qu'un sondage effectué auprès des étudiants par l'Institut Gallup eut montré que la majorité d'entre eux étaient hostiles aux grandes entreprises — le *big business* —, et favorables à la réglementation fédérale et à l'étatisation des banques. Tous ignoraient pour la plupart les concepts et mécanismes de base de l'économie capitaliste. Pour autant, ces étudiants n'estimaient pas être de gauche, mais se définissaient eux-mêmes comme des Américains moyens. Le conseil d'administration de l'Université, composé pour l'essentiel des chefs d'entreprise qui la financent, s'est donc lancé dans une croisade d'information en utilisant les méthodes les plus populaires qui soient : le jeu et les gadgets informatiques.

Le show d'Oklahoma n'est qu'une des manifestations les plus spectaculaires d'un mouvement de prosélytisme qui s'est emparé des chefs d'entreprise américains. On ne compte plus les opérations de relations publiques, les séminaires de formation, les campagnes de publicité institutionnelles destinées à faire connaître non pas l'activité de l'entreprise elle-même, mais son mode de fonctionnement. Les patrons s'estiment désormais investis d'une mission de vulgarisation de la science économique fondée sur un postulat élémentaire : qui comprend l'économie ne peut plus rallier le libéralisme ! Leur conviction rejoint de manière pragmatique la démarche de Novak en direction des prêtres et celle de Henry Manne à l'adresse des magistrats : la gauche ne prospère que sur l'ignorance économique des masses [1].

La vitalité de la droite américaine résulte désormais de son absence totale de complexes dans l'usage de mots et de moyens méprisés par la gauche. Sur le marché des idées, les conservateurs ont compris que c'est la simplicité qui paie. La libre entreprise, pour ne pas dire le capitalisme, est une idée simple et qui marche.

Le capitalisme a apporté au monde une prospérité sans précédent — Michael Novak s'exprime sur ce sujet en termes lyriques, voire liturgiques —, jusqu'à ce que l'intrusion de l'État soit venue en briser le ressort. C'est le libéralisme qui a provoqué la crise, et seule la restauration de la libre entreprise pourra nous en sortir.

Ce nouveau capitalisme repose sur une théorie élémentaire : la théorie de l'offre. L'offre, c'est-à-dire l'initiative des chefs d'entreprise, crée la richesse d'une nation ; l'État jamais, la demande des consommateurs non plus. De ce postulat dérive une politique économique tout aussi simple : l'entreprise doit être libérée des entraves réglementaires (la régulation) et des impôts excessifs. Si l'État n'est plus « sur le dos des entreprises », la croissance, la stabilité des prix et l'emploi reviendront *naturellement.* « Il suffit, dit Reagan, de rendre à chacun la possibilité de travailler librement

1. A l'université de Princeton, un groupe d'anciens élèves (*Concerned Alumni of Princeton*, CAP), animé par Shelby Cullom Davis, ancien ambassadeur de Nixon, fait campagne contre les professeurs de gauche et finance des nouvelles chaires d'économie politique à condition qu'elles soient tenues par des enseignants conservateurs.

pour restaurer le rêve américain détruit par mes prédécesseurs depuis 40 ans. »

Cette théorie de l'offre, au cœur du nouveau capitalisme, s'en remet totalement aux élites économiques, à ceux que Kristol appelle les « activistes économiques » ; leurs motivations, leur comportement conditionnent la prospérité. Pour Kristol, toute société compte une fraction minoritaire d'activistes économiques que l'État encourage ou décourage. Si ce groupe pouvait être repéré *a priori,* c'est à lui seul que l'État devrait réserver un traitement fiscal privilégié. Mais comme le succès de leurs entreprises n'apparaît qu'*a posteriori,* l'État a intérêt à détaxer tout le monde. De toute manière, la courbe de Laffer assure à l'État de rentrer dans ses frais, grâce au supplément de richesses engendré par la baisse des impôts. Ces créateurs de richesses feront à leur tour la richesse des autres, l'argent des riches fait à terme le bonheur des pauvres. C'est ce qu'on appelle aux États-Unis le *trickle down effect,* sorte de goutte à goutte de la prospérité de haut en bas, théorie sociale à la mode dans les années 20. Les Démocrates se sont emparés du terme dans un spot télévisé féroce où l'on voit une femme élégante laisser tomber de sa coupe quelques gouttes de champagne dans la paume d'un chômeur. Légende : *Reaganomics,* contraction de « Reagan » et d' « économie ». Commentaire : « C'est injuste, c'est Républicain. »

Le nouveau capitalisme est en effet, par hypothèse, inégalitaire. Il heurte de plein fouet la vision sociale des libéraux pour qui ce ne sont pas les élites qui créent la richesse, mais les masses ; la demande des consommateurs déclenche l'offre des producteurs, et non l'inverse. Cette théorie de la demande a bien entendu les mêmes prétentions scientifiques que la théorie de l'offre. Chacune invoque un appareil historico-expérimental savant et produit tout autant de courbes, d'équations et de discours universitaires[2].

Il est cependant difficile d'accorder un crédit scientifique sans réserve à deux théories qui, dans le monde entier, coïncident si bien avec les préférences politiques respectives de la droite et de la gauche...

Chacun présuppose en vérité un postulat social non vérifiable. La théorie de la demande, mise en forme par Keynes, joue sur les masses ; la théorie de l'offre sur les élites. La première s'intéresse au comportement des consommateurs, la seconde à celui des producteurs. Le keynésianisme conseille au pouvoir politique de donner de l'argent aux masses, de préférence aux titulaires de revenus modestes, afin qu'ils le dépensent plus rapidement. Les théoriciens de l'offre, de le donner aux élites, ou du moins de ne pas les priver de leurs ressources, afin qu'elles les réinvestissent ; ces élites peuvent en fait être très nombreuses si l'on y inclut, comme le suggère George Gilder, tous les chefs d'entreprise et ceux qui ont vocation à le devenir.

La fonction de l'État est radicalement différente dans l'une ou l'autre théorie. Pour les keynésiens libéraux, il appartient à l'État de protéger les consommateurs contre la domination des producteurs, et de soutenir la demande en cas de défaillance économique. Pour les théoriciens de l'offre, l'État spectateur doit seulement veiller au bon fonctionnement du marché et éliminer ce qui pourrait en perturber la parfaite horlogerie.

Le débat scientifique entre ces deux théories économiques masque donc un débat politique. La théorie de la demande est égalitaire, étatique et socialisante ; la

2. La théorie de l'offre et la théorie de la demande se partagent, chacune leur tour, le prix Nobel d'économie. En 1981, l'Académie suédoise récompensa un keynésien, Tobin, et en 1982, un théoricien de l'offre, George J. Stigler.

théorie de l'offre est individualiste, inégalitaire, antiétatique et libertaire[3].

La crise économique ne peut donc être, aux yeux des conservateurs, réduite à une défaillance technique. C'est une crise du système politique libéral. Les abus de la théorie keynésienne, sous prétexte de soutenir la croissance, ont « justifié » l'augmentation des pouvoirs et des effectifs de la Nouvelle Classe bureaucratique, la prodigalité sociale et l'insouciance budgétaire. Le keynésianisme arrange les affaires de la Nouvelle Classe en toutes circonstances : en période de prospérité, celle-ci prospère ; en période de crise aussi, puisqu'il « faut » alors augmenter les dépenses publiques pour relancer la demande. En fait, ces politiques conjoncturelles sont doublement inutiles : elles accroissent les charges des entreprises quand il faudrait les alléger (le déficit budgétaire fait monter les taux d'intérêt, donc le coût des investissements privés), et elles sont de plus déjouées par le public. Producteurs et consommateurs, sachant que la relance est artificielle, n'est qu'une illusion monétaire, ne s'y fient pas et adoptent un comportement inverse de celui qui était recherché par le pouvoir politique. Cette sagesse populaire, dont les conservateurs américains font grand cas, s'appelle la *théorie de l'anticipation rationnelle.*

Aux keynésiens qui s'attribuent malgré tout la prospérité de 1945 à 1973, les théoriciens de l'offre répliquent que la coïncidence ne saurait tenir lieu d'explica-

3. Les fondements sociaux, politiques et moraux de ce nouveau capitalisme expliquent pourquoi toute la droite ne souscrit pas nécessairement à la théorie de l'offre. La droite classique, favorable à un État fort, par opposition aux néo-conservateurs décentralisateurs, est plus proche de la théorie de la demande. « Maintenant nous sommes tous des keynésiens », devait déclarer Richard Nixon en 1972, ce qui résumait sa philosophie politique tout autant que ses choix économiques.

tion et que seule la vitalité des producteurs pendant cette période a permis aux libéraux de s'offrir un État providence, jusqu'à ce que l'excès des charges, à partir de 1973, fasse crouler la bête[4].

La crise, combinaison d'inflation et de chômage, a donc été « organisée » par les libéraux. Les intérêts de la Nouvelle Classe expliquent son erreur d'analyse et lui interdisent d'en sortir, sauf à admettre à la fois son incompétence et son inutilité sociale pour restituer aux activistes économiques la liberté d'entreprendre.

Selon la revue de gauche *The Nation,* « le contentieux entre les entreprises et l'Administration a atteint les dimensions d'une véritable lutte des classes ». C'est donc des deux côtés que le combat est interprété comme une confrontation historique entre activistes économiques et Nouvelle Classe bureaucratique. On sous-estime toujours, à l'étranger, l'emprise de l'administration américaine sur les sociétés privées. Celles-ci sont prisonnières d'un réseau compact d'obligations qui vont des classiques normes de sécurité à des contraintes très détaillées touchant le respect de l'environnement et les quotas d'emplois par minorité raciale. Dans l'industrie automobile, on estime que les règlements anti-pollution coûtent 1 800 $ par voiture, contribuant ainsi de manière déterminante à la perte de compétitivité. Les régulations coûtent cher aux consommateurs et étouffent les entreprises. Celles-ci entretien-

4. A noter que cette interprétation de la crise est le fait de deux écoles de pensée conservatrices rivales, le monétarisme (Milton Friedman et l'École de Chicago), et les théoriciens de l'offre (Kristol, Gilder, Laffer). Ces deux écoles divergent sur la priorité du rôle accordé à la monnaie, mais, globablement, face à la gauche, elles partagent une même conception de l'économie et des causes politiques de la crise.

nent des légions d'avocats (1 pour 500 habitants, record du monde) qui défendent pied à pied devant les tribunaux les droits du secteur privé contre les interventions de l'État.

Mais, quinze ans après les grands succès remportés par Ralph Nader contre l'industrie automobile — il obtint en 1966 le rappel par General Motors des Chevrolet Corvair qui présentaient un risque de dérapage à grande vitesse — la jurisprudence s'est retournée en faveur des entreprises. En grande partie parce que l'État, dans ces procès, n'intervient plus ou ne fait plus cause commune avec les unions de consommateurs. Le gouvernement Reagan, poursuivant et amplifiant la dérégulation amorcée par Carter pour les transports aériens, a supprimé, en deux ans, la plupart des restrictions dans les domaines des transports routiers et ferroviaires, des banques et des communications. Ainsi, les banques sont-elles désormais autorisées à verser des intérêts sur les comptes courants, les transporteurs à choisir librement leur itinéraire, les stations de télévision payantes à fixer leur programme et leur puissance d'antenne en toute liberté. Mais ce qui doit être souligné, c'est la philosophie commune à ces dérégulations. Il s'agit bien sûr de libérer l'entreprise et de réactiver la compétition, mais il s'agit surtout de réintroduire la notion de *risque* dans la société. Une société totalement régulée est une société sans risques. Le point de départ de l'action de Nader consistait bien à éliminer les risques que certains produits faisaient courir aux consommateurs. Pour les conservateurs, sans risques, il n'y a ni motivation, ni croissance, ni richesse. Le nouveau capitalisme est donc une réhabilitation de l'entreprise, de la concurrence, du profit, mais surtout du risque comme facteur d'innovation sociale.

Est-ce que ce nouveau capitalisme marche et peut-on

évaluer, au bout de deux ans d'exercice, les résultats de la *Reaganomics ?*

La défense immédiate des théoriciens de l'offre revient à expliquer que leurs recommandations n'ont pas été véritablement suivies, mais plutôt défigurées par les compromis politiques. En particulier, les réductions d'impôts n'auraient pas été assez « drastiques » pour relancer l'offre. C'est la position de Jude Wanniski qui estime que jamais la classe politique n'aura de vertu suffisante pour réduire les interventions de l'État. Il faut donc enfermer le Parlement et les autorités monétaires dans des règles constitutionnelles imprescriptibles : équilibre obligatoire du budget, sauf en temps de guerre, et rétablissement de la parité or/dollar pour éviter toute manipulation du crédit.

La deuxième ligne de défense des théoriciens de l'offre consiste à dénoncer les contradictions, à l'intérieur même de la droite, qui les opposent aux monétaristes. Ceux-ci contrôlent la Banque centrale (le *Federal Reserve System*) qui fixe en toute indépendance le montant de la monnaie en circulation. D'abord préoccupées par l'inflation qu'elles imputent à l'excès du crédit, les autorités monétaires ont volontairement laissé monter les taux d'intérêt. Ces mesures ont effectivement réduit la hausse des prix, mais, selon les théoriciens de l'offre, totalement découragé les investisseurs en dépit des réductions fiscales.

Troisième ligne de défense : le délai est trop court pour juger des résultats. La vérité est que le facteur-temps des économistes ne coïncide jamais avec celui des politiques. C'est même l'une des principales raisons des incessants retournements que connaissent toutes les démocraties occidentales depuis 1973, aucun gouvernement n'ayant jamais le temps de tenir ses promesses et aucune théorie économique ne permettant de répondre aux exigences politiques dans les délais qui lui sont impartis.

Ces trois dérobades des théoriciens de l'offre — compromission, contradictions, brièveté —, si elles sont valables, ne sont pas recevables. Car, quelle serait la valeur de théories des sciences humaines qui ne s'appliqueraient qu'à un monde pur et parfait ? Leurs vertus, toujours relatives, doivent précisément être mesurées au feu de la réalité politique. Ronald Reagan, présentant lui-même son bilan économique à mi-mandat, s'estimait satisfait de la chute de l'inflation (de 12,7 % en janvier 1981 à moins de 5 % en 1983), de la moindre progression des dépenses publiques (- 17 % en 1981), sauf dans le domaine de la Défense nationale (+ 21 %), de la baisse des taux d'intérêt et du freinage de la fiscalité (baisse de l'impôt sur le revenu de 10 % en 1981, et d'encore 10 % en 1983).

Pourtant, la croissance n'est pas nécessairement plus au rendez-vous de la *Reaganomics* qu'à celui des keynésiens. Est-ce que la théorie de l'offre marche quand même ? Oui, si on la juge non pas selon les critères de ses adversaires, mais selon les siens, à l'intérieur de sa propre cohérence.

Les critiques extérieurs, de tradition *libérale*, estiment que l'État doit et peut susciter la croissance. Mais les théoriciens de l'offre considèrent que l'État en est précisément incapable. Irving Kristol est fort clair sur ce point, essentiel, de la nature inexpliquée de la croissance. Si elle est inexpliquée, c'est parce qu'elle est *« naturelle »*. Elle échappe aux injonctions politiques pour obéir à la vertu des entrepreneurs, aux desseins de l'histoire et aux sauts technologiques. La théorie de l'offre ne s'assigne donc que le but modeste — plus modeste que celui des keynésiens —, mais fondamental, de permettre aux activistes économiques et aux entreprises de « saisir » la vague de la croissance. L'État conservateur ne doit pas — il ne le peut pas

— inventer la croissance en se substituant à l'initiative privée, mais il peut, en libérant le capitalisme, ne pas l'empêcher. Ainsi la reprise de 1983 s'explique-t-elle par la conjonction d'une politique monétaire et fiscale avec le retour de la confiance des chefs d'entreprise comme des consommateurs.

Mais le principal acquis de la théorie de l'offre est certainement d'ordre critique. Le keynésianisme *libéral* est déconsidéré, éliminé, y compris dans les pays socialistes comme la France. Sans faire nécessairement référence au nouveau capitalisme, surtout lorsque celui-ci est devenu public, partout les gouvernements des États en crise redécouvrent les vertus de l'entreprise. Au « nous sommes tous des keynésiens » de Richard Nixon, répond, dix ans plus tard, un slogan inverse et implicite qui reste encore à formuler : la théorie de l'offre, en effet, n'a pas de père évident[5], tant elle correspond au bon sens et à l'expérience des nations.

5. Le « fondateur » dans lequel les économistes américains se reconnaissent fut cependant, au XIXe siècle, le français Jean-Baptiste Say. Par coïncidence, Alexis de Tocqueville devait lire son « Économie politique » sur le bateau qui le conduisit aux États-Unis.

15.

La « solution » au chômage

En 1934, Franklin Roosevelt, au contraire de la droite de l'époque, s'estimait capable de rétablir le plein emploi, même s'il n'y parvint pas.

En 1980, c'est la droite qui, avec Reagan, promet de remettre l'Amérique au travail. Entre ces deux dates, l'optimisme a changé de camp. Les médias libéraux, les bureaucrates, les universitaires, les économistes keynésiens prophétisent un monde durable de stagnation, de productivité en déclin, de déficits, de faillites rampantes, une Amérique diminuée, et, à terme, le spectre de la Grande Dépression.

C'est là, du point de vue des conservateurs, une vision tronquée, voire inversée de ce qui se passe vraiment. Certes, l'industrie automobile, l'acier et le bâtiment, longtemps les fondements de l'économie américaine, sont entrés dans une grande crise. Mais c'est se dissimuler que la « renaissance » industrielle fait déjà son chemin. De manière symptomatique, George Gilder, emploie ici le terme de *revival* qui désigne aussi bien la renaissance économique que religieuse.

Selon Gilder, l'informatique va désormais *tirer* la croissance, comme l'avait fait l'automobile dans les années 20, la radio dans les années 30, le logement et la télévision après la Seconde guerre mondiale. Non plus l'informatique à l'usage des seules entreprises, mais l'ordinateur individuel, nouveau produit de consommation de masse dont les publicités ont chassé des pages de magazines le rêve automobile. En 1982, aux États-Unis, 30 000 points de vente ont distribué 3 millions d'ordinateurs individuels. De 1977 à 1982, le nombre d'emplois dans l'informatique et la bureautique est passé de 50 % des effectifs de l'industrie automobile à 140 %. La percée technologique et commerciale de ce nouveau produit de masse a relayé les activités en perte de vitesse. C'est toujours ainsi que progresse l'économie moderne, et seuls l'aveuglement statistique et l'intérêt des libéraux à dramatiser, maintenant qu'ils sont dans l'opposition, empêcheraient encore l'opinion de prendre la mesure de ce changement.

La crise ne serait donc qu'une lecture à l'envers des indicateurs économiques. Il ne faudrait pas pleurer les 11 millions de chômeurs américains, mais constater plutôt que 56 % de la population est employée : 120 millions de personnes, chiffre le plus élevé jamais atteint en temps de paix.

D'ailleurs, ces 11 millions de chômeurs, 10,6 % de la population active, sont eux-mêmes une sorte d'illusion statistique si l'on veut bien admettre que le chiffre de 5 % est « normal », en raison de la mobilité géographique et professionnelle des Américains ; ce sont donc 5 millions qui posent problème, et non pas 10 [1].

1. Les conservateurs peuvent être d'autant plus volontiers tentés par cette technique de minoration du chômage que les études d'opinion montrent que les chômeurs votent fort peu. En revanche, la lutte contre l'inflation profite à tous ceux qui ont un emploi et dont le pouvoir d'achat augmente ; ceux-là votent...

Il ne faudrait pas s'inquiéter de la sous-utilisation[2] des capacités de production de l'industrie traditionnelle : ce sont là des activités en déclin historique, qui ont vocation à disparaître le plus rapidement possible. Il ne faudrait pas s'affoler des faillites, mais se féliciter de ce que, pour une faillite, vingt entreprises nouvelles se créent : 600 000 en 1981, chiffre le plus élevé de l'histoire des États-Unis, six fois plus que dans les années 50, trois fois plus que pendant la période de prospérité des années 60. Quand, dans une nation, 600 000 individus par an prennent des risques, le capitalisme n'est pas en crise. Ce chiffre est au contraire annonciateur d'une prospérité à venir sans précédent, car la plupart de ces nouveaux chefs d'entreprise sont des commerçants. Or, c'est *l'imagination commerciale*, plus encore que l'innovation, qui nourrit la croissance. L'inventeur de l'automobile a joué un rôle économique moins important que Ford qui eut l'idée d'en vendre une à chaque famille américaine. De même, l'informatique ne devient le moteur de la croissance qu'à partir du moment où des commerçants en font un produit de masse.

La crise n'est donc, selon Robert Bartley, rédacteur en chef du *Wall Street Journal*, qu'une étape normale de la reconversion industrielle, dont la sortie n'est retardée que par la bureaucratie. Il en voit une preuve évidente dans la disparité des taux de chômage. Très élevé dans le Nord-Est du charbon, de l'acier et de l'automobile, il est faible dans le Sud-Ouest de la haute technologie et quasi nul dans les métropoles de service comme New York qui absorbe, en plus de sa main-d'œuvre déclarée, au moins un million de travailleurs clandestins.

2. Les industries américaines tournent à 70 % de leur capacité au début de 1983.

Cette épiphanie économique est manifestement cohérente avec l'éthique capitaliste de la destruction créative et avec l'idéalisation de la lutte pour la vie. Les conservateurs sont contre l'enseignement du darwinisme dans les écoles, mais, en économie, ils sont beaucoup plus darwiniens que la gauche ! De là à considérer que le chômeur est un handicapé rejeté par la nature économique, il y a un pas logique que seule la politique interdit de franchir. Mais il est évident que, pour la droite, le chômeur est la victime provisoire de la nature des choses, alors que, pour la gauche, il est la victime expiatoire d'un système injuste et qui doit être condamné.

Nulle part plus qu'aux États-Unis ces deux logiques ne s'affrontent aussi clairement, en raison du caractère profondément idéologique des politiques économiques respectives des deux camps. Alors qu'en Europe l'interprétation du chômage et les solutions à y apporter ne sont pas si opposées entre la droite et la gauche — à l'exception de la Grande-Bretagne, proche à cet égard des États-Unis —, en Amérique, elles sont irréconciliables. Certes, pour bien mesurer cette opposition, il faut faire la part du pathos politique d'un côté comme de l'autre. La gauche cultive le misérabilisme ; les journaux télévisés des trois grands networks en donnent chaque soir des images terribles, bien sélectionnées. La droite, elle, fait dans la compassion. Reagan a parfaitement compris qu'il ne fallait surtout pas laisser aux libéraux le monopole du cœur. Dans son adresse télévisée du 13 octobre 1982 — bilan à mi-mandat, à la veille des élections —, il a su émouvoir l'Amérique en lisant la lettre d'une certaine Judith, d'Alabama[3], sans emploi

3. Cette lettre authentique avait été sélectionnée dans le courrier du Président par l'auteur de ses discours, Aram Bakshian.

mais à la foi intacte en Dieu, en son pays et dans la libre entreprise. Et de rappeler que lui aussi, en 1932, au pire de la Grande Dépression, fut chômeur sans que jamais sa confiance dans le système américain n'eût fléchi.

Une fois déblayés les discours de circonstance, les solutions à apporter au chômage reflètent les préférences sociales des libéraux et des conservateurs, leur interprétation de l'avenir et leur manière de répartir richesse et pauvreté dans une économie post-industrielle. Pour les libéraux, qui doutent du retour de la croissance et qui doutent plus encore des vertus de capitalisme, il est clair que le plein emploi est un objectif en soi, même s'il doit être atteint au péril de la croissance. Le programme de la gauche américaine s'inspire curieusement de ce qu'il y a de plus archaïque dans la pensée keynésienne : les politiques de grands travaux financés par le budget de l'État. La seule explication possible à ce manque d'imagination est d'ordre historique : c'est la référence mythologique au New Deal. Personne, en revanche, ne suggère aux États-Unis de manipuler l'âge de la retraite, la durée du travail, ni ne préconise le travail à temps partiel comme remède au sous-emploi. Ces « solutions », si bien accueillies en Europe, sont considérées ici comme peu sérieuses, attentatoires à la liberté individuelle, ou impossibles à financer. Les conservateurs s'opposent catégoriquement à toute intervention directe sur l'emploi en démontrant de manière convaincante que les *job programs* ne peuvent que nuire à la croissance.

Ces programmes sont toujours décidés à contretemps. Les mois, voire les années, nécessaires à la décision politique passent et la récession est généralement terminée avant que la classe politique n'en ait pris conscience. De plus, les sommes investies dans les grands travaux créent peu d'emplois : sur 100 $, 20 $ vont à la main-d'œuvre, le reste aux fournitures. 75 % des emplois ainsi créés sont spécialisés et n'apportent donc rien à la masse des chômeurs sans emploi, précisément dépourvus de qualification. Le financement des grands travaux se fait au détriment d'autres dépenses, avec le risque de supprimer plus d'emplois d'un côté qu'il n'en crée de l'autre. Ainsi, les libéraux proposent-ils en 1983 de financer de grands travaux par une taxe sur l'essence, mais cette taxe va se répercuter sur l'industrie automobile américaine et accélérer la préférence des consommateurs pour les voitures japonaises, plus économiques.

En conclusion, le remède libéral, pour obtenir un résultat faible et probablement décalé, entraînera une chaîne de conséquences néfastes. La popularité de ce type de programme vient de ce que les bénéfices en paraissent évidents, alors que leurs inconvénients sont diffus et plus difficiles à observer.

Mais au-delà de ces objections techniques immédiates, les politiques libérales de l'emploi reviennent toutes à admettre qu'il y a crise du capitalisme et à proposer des solutions étrangères au régime de la libre entreprise : investissements publics, limitation des importations, voire protection sociale accrue du chômeur. Pour les conservateurs, cette logique libérale rejoint celle du socialisme soviétique : *la politique de l'emploi de la gauche, c'est le plein emploi sans la prospérité.* En revanche, le nouveau capitalisme, c'est la prospérité, mais pas nécessairement le plein emploi. Là est le véritable choix.

Restent ces dix millions de chômeurs incontournables. Attendre le « retour » de la croissance n'est qu'une attitude superficielle qui résiste mal à l'analyse. La nouvelle croissance, si l'on admet son retour, ne créera pas nécessairement des emplois, car les gains de productivité peuvent être considérables dans une société de technologie avancée.

Il y a donc bien crise, mais elle n'est pas là où la gauche le prétend. Elle est dans le système de protection sociale. C'est l'État-providence, greffé par la gauche sur la prospérité de ces quarante dernières années, qui a créé le chômage, ou plutôt qui a fait du chômage un problème en enfermant le chômeur dans une dépendance sociale. Le chômage est devenu la forme moderne de la pauvreté, une pauvreté inventée par le libéralisme. Cette pauvreté n'est pas matérielle — les assurances chômage et les aides publiques garantissent contre cet aspect — ; elle est spirituelle : asservissement vis-à-vis de la puissance publique combiné à la disparition des solidarités familiales, religieuses et communautaires traditionnelles, détruites par les menées idéologiques de la gauche.

Les libéraux, en incriminant la crise du capitalisme, essaieraient tout simplement de déplacer l'attention, d'éviter que ne s'ouvre le procès public de l'État-providence. Le pire échec de cet État-providence réside dans la détresse à la fois économique et morale des Noirs[4] qui, sous la tutelle publique, ont vu se détériorer leur culture familiale et l'espoir d'entrer sur le marché capitaliste avec les perspectives de promotion qu'offre celui-ci. Ce n'est pas un hasard, observe George Gilder, si les familles noires, qui étaient très chrétiennes et très unies, sont aujourd'hui les plus affectées à la fois par les séparations, la pauvreté et la violence. Ce sont les

4. Les Indiens dans leurs réserves sont, de manière comparable, enfermés — volontairement — par des aides publiques dans une sous-culture de la pauvreté. Le ministre de l'Intérieur, James Watt, a proposé la suppression des réserves, ce qui a provoqué de vives protestations de la part des chefs traditionnels et des organisations de défense des Indiens.

trois faces d'un même phénomène : la vassalité publique érigée en système de gouvernement.

C'est donc cet éco-système qu'il faut détruire pour redonner aux chômeurs une chance d'intégration sociale. Ainsi, sans aller jusqu'à supprimer le salaire minimum qui enferme dans le chômage les moins qualifiés pour protéger l'emploi de ceux qui en ont déjà un, Irving Kristol suggère un sous-salaire minimum destiné aux jeunes sans formation. En janvier 1983, le gouvernement Reagan a proposé au Congrès une réduction de 25 % du salaire minimum pour les jeunes de 16 à 22 ans travaillant pendant l'été. Dans le même sens, en 1981, le Congrès a adopté dans son principe la création de « zones d'entreprises » qui seraient des enclaves de capitalisme naturel ou « sauvage » dans les centres urbains. Ces zones, réservées aux agglomérations les plus atteintes par la désindustrialisation et aux tribus indiennes, seraient exonérées de la plupart des impôts locaux et fédéraux sur la propriété et les bénéfices des entreprises, ainsi que de la plupart des régulations administratives. Ports francs ou paradis fiscaux à l'intérieur même des États-Unis, ne bénéficiant d'aucune aide directe de l'État, l'initiative privée pourrait s'y exercer sans entraves et y réinventer le capitalisme et la prospérité. Pour l'instant, les réticences des collectivités locales à renoncer aux impôts fonciers, qui sont leur principale ressource, n'ont pas permis à l'expérience de démarrer. Mais la proposition est exemplaire et bénéficie d'un large soutien politique et même syndical.

Sous-salaire minimum et zones d'entreprises sont des stratégies de contournement de l'État-providence. L'attaque de front consiste à réduire les programmes sociaux de formation, de logement et d'aide alimentaire, ou, en tout cas, à ne plus les dispenser de manière automatique.

A Charleston, en Virginie de l'Ouest, l'aide aux chômeurs n'est désormais accordée qu'à ceux qui acceptent le travail social qui leur est imposé : c'est ce qu'on appelle le *workfare*. Otis Martin, 40 ans, chômeur depuis trois ans, ancien mécanicien auto, est obligé de travailler dix jours par mois dans un hôpital public vétérinaire, il nettoie les cages des animaux, entretient le jardin et accueille les clients. En contre-partie, il perçoit 240 $ d'allocation chômage et 200 $ de bons d'achats d'alimentation *(food stamps)*. Edward Burgess, 26 ans, licencié depuis trois mois par le cabinet comptable qui l'employait, doit maintenant, 7 jours par mois, tenir les comptes de la Fondation des sclérosés en plaques. L'État lui verse 164 $ d'aide et 184 $ de bons d'alimentation. Burgess et Martin acceptent cette expérience de manière positive, et s'estiment revalorisés à leurs propres yeux et aux yeux de la société. En 1982, 4000 chômeurs sur 20000, par priorité des chefs de famille, ont ainsi été affectés à des emplois publics ou à des associations charitables.

La démonstration que veut apporter Leon Ginsburg, directeur de l'aide sociale de Virginie de l'Ouest, est claire : la société américaine dispose d'assez de ressources pour faire vivre tout le monde, et, par ailleurs, d'innombrables fonctions sociales ne sont remplies par personne. Admettons enfin que le chômage soit une donnée permanente et que sa solution ne consiste pas à attendre le retour hypothétique d'emplois véritables ! A la construction libérale du *welfare* succède donc le projet conservateur du *workfare*. Dans le premier cas, les personnes susceptibles de travailler sont affectées à un emploi par le marché et les chômeurs sont pris en charge par la collectivité ; ils ne font rien, dans l'attente de leur réintégration sur ce marché. Ce *welfare* est socialement et financièrement supportable par les travailleurs comme par les chômeurs tant que le chômage n'est qu'un état provisoire. Mais si le chômage devient ou tend à devenir permanent, la nature du *welfare* change. Dès lors, il isole les chômeurs, les entretient et les décourage d'accéder au marché de l'emploi dans lequel se sont retranchés ceux qui disposent déjà d'un travail. Le *welfare* est un enclos de charité pour les chômeurs, nouveaux pauvres de la société post-industrielle.

Le *workfare* est une tentative destinée à rompre cet isolement des chômeurs et à leur rouvrir le marché du travail, qu'il s'agisse d'activités économiques pour les uns, sociales pour les autres, mais, dans les deux cas, utiles à la collectivité.

Les critiques des libéraux favorables au *welfare* sont prévisibles : exploitation, immoralité et, surtout, concurrence déloyale des chômeurs sur le marché de l'emploi. Cette dernière observation révèle clairement les raisons profondes de l'attachement au *welfare*, très fort parmi les syndicats de travailleurs. Ce ne sont pas des syndicats de chômeurs, et ils ne défendent donc que leur clientèle.

Le raisonnement *libéral,* qui vaut pour un régime de chômage transitoire, est périmé avec le chômage permanent. Or, un chômage qui s'aggrave depuis maintenant 8 ans dans tous les pays développés est bien un chômage permanent, insensible aux solutions conjoncturelles de type keynésien et indifférent aux aléas de la croissance.

Dans cette situation totalement nouvelle, le *workfare* s'avère alors plus tolérable pour les chômeurs, comme pour les travailleurs qui le financent, qu'un *welfare* qui dure indéfiniment.

Il n'est pas certain que les conservateurs auront l'élan politique suffisant[5] pour généraliser le système virginien et réintégrer dans le circuit social — sinon économique — tous les chômeurs aptes à assumer une fonction au sein de la collectivité. Mais, comme pour la décentralisation, le libéralisme est maintenant sur la défensive ; la dynamique de gauche qui, à plus de chômage, répondait par toujours plus de protection, s'est inversée. Les nouvelles voies ouvertes par les conservateurs conduisent à repenser la répartition des richesses d'une nation entre travailleurs économiques et travailleurs sociaux. Elles sont certainement plus fécondes que le fait de placer durablement, dans tous les pays en crise, 10 % de la population dans une situation permanente de dépendance envers l'État, dans l'attente d'un retour impossible à l'âge d'or du plein emploi.

5. Le gouvernement Reagan reste prudent et continue à subordonner pour l'essentiel la diminution du chômage au retour de la croissance, ce qui est une relation exacte mais partielle. Le Congrès a cependant accepté que le *workfare* puisse devenir obligatoire à l'initiative des États ; cette option a été retenue par une trentaine d'entre eux.

16.

Go West, young man[1] !

A dix kilomètres du centre de Dallas, capitale financière du Texas, William Loveall, sa femme et son fils logent dans leur voiture. Avec trois ou quatre cents autres familles, les Loveall ont créé une sorte de bidonville que les Texans appellent Tramp City, la ville des vagabonds. Au loin, dans ce plat pays, les gratte-ciel de Dallas restent illuminés toute la nuit pour les fêtes de Noël.

William Loveall était ouvrier dans les aciéries de Gary, au Nord, dans l'Indiana. Elles ont définitivement fermé leurs portes un an plus tôt. Loveall a vécu pendant huit mois sur son allocation chômage, 180 $ par semaine, puis il a hypothéqué sa maison ; enfin il l'a vendue, à bout de ressources, sauf pour ce qui est de l'assistance sociale et des tickets d'alimentation du gouvernement. Il a alors décidé avec sa famille, en 1982, d'interpréter une version moderne des *Raisins de la colère.* Il y a cinquante ans, des milliers de paysans,

1. Cette injonction célèbre « Pars pour l'Ouest, jeune homme », a été lancée, au XIXe siècle dans une période de dépression économique par le moraliste Horace Greeley.

décrits par Steinbeck, immortalisés à l'écran par Henry Fonda, quittèrent l'Oklahoma, chassés par la sécheresse, la Grande Dépression et la mécanisation de l'agriculture. Ils avaient perdu leurs fermes, il ne leur restait que leurs camions à bout de souffle sur lesquels ils chargèrent batterie de cuisine, literie, femmes, enfants et grand-mères, en direction de l'Ouest, du mirage californien. Là les attendaient des négriers qui les parquèrent dans des camps, les exploitèrent en leur faisant cueillir des oranges pour un salaire de misère. Aujourd'hui, la cueillette est faite par des Mexicains entrés illégalement aux États-Unis, mais le mirage persiste. Il est simplement repeint aux couleurs de la haute technologie. C'est l'espoir d'un emploi dans les industries de pointe du Sud-Ouest, et un climat plus clément, qui ont attiré les Loveall. En 1982, près de 300 000 familles du Nord-Est ont ainsi rejoint la Californie ; 100 000, le Texas et la Floride.

Leur dénuement actuel, s'il est spectaculaire — et largement exploité par les libéraux —, n'est que provisoire. Dans quelques semaines, les Loveall commenceront une nouvelle vie, comme tous ceux qui depuis vingt ans ont pris la route du Sud, la Ceinture du Soleil, le *Sun Belt*.

Cette grande migration des Américains vers le *Sun Belt*, depuis 1960, et la réussite économique de cette région ont, jusqu'à une date récente, échappé à la plupart des observateurs. L'attention était pour l'essentiel cristallisée sur la montée des Noirs des campagnes du Sud vers les agglomérations industrielles du Nord et du Nord-Est, laquelle devait déboucher sur les émeutes urbaines, les redistributions raciale et géographique des grandes villes et, finalement, sur des progrès décisifs dans le domaine des droits civils.

Mais, dans le même temps, s'opérait à contre-courant

une migration des retraités et des classes moyennes blanches vers le Sud. A cela de multiples raisons : un climat plus clément, bien sûr, mais aussi des villes plus petites, plus accueillantes, moins violentes et moins noires. Cette migration accompagnait et accélérait un déplacement massif d'emplois parmi les plus qualifiés. La haute technologie, la production d'armements s'installent autour de Los Angeles, San Diego, Dallas, San Francisco. A partir de 1973, la montée du prix du pétrole fait la fortune du Texas, de la Louisiane, de l'Oklahoma, conduisant à une prospérité immobilière dont les extravagances architecturales de Houston ou de Dallas sont l'expression sans complexes. En l'espace de vingt ans, au Texas, se sont bâties dix fortunes plus importantes que celle des Rockefeller. La plus riche est probablement la famille Hunt qui, pour beaucoup, a servi de modèle aux Ewing du feuilleton *Dallas*, sauf que les Hunt sont de rigides baptistes qui ne partagent apparemment pas les frasques de leurs interprètes à l'écran.

L'Amérique du Sud-Ouest est ainsi devenue le pôle des entreprises les plus performantes, tandis que l'Amérique du Nord-Est, le *Frost Belt* (la zone du gel), restait celui des industries traditionnelles en déclin, acier et automobile, le « bassin de la rouille » *(Rust Bowl).*

Ce renversement du centre de gravité économique des États-Unis a été amplifié par la lutte anti-syndicale. En s'installant au Sud, les entreprises ont réussi à échapper à peu près totalement à la syndicalisation qui, au Nord, renchérit les salaires, rend les licenciements difficiles, et surtout freine les transformations technologiques. Ainsi, un travailleur de l'automobile, à Detroit, gagne douze dollars de l'heure, sans qualification particulière ; à Santa Clara, en Californie, dans l'électronique de pointe, il n'en gagnerait que quatre. Mais si le taux de chômage à Santa Clara est proche de zéro, il avoisine 25 % à Detroit.

Sur ces trois dernières années, le tiers des emplois créés aux États-Unis l'ont été au seul Texas ; État il est vrai grand comme la France, où les entreprises sont attirées par le soleil, l'absence de syndicats, une main-d'œuvre relativement bon marché et une exonération totale de l'impôt sur les bénéfices des sociétés. La prospérité du Sud est cumulative. Les États du Nord, obligés de taxer lourdement les entreprises et les logements pour soutenir les programmes d'assistance sociale et la gestion de villes anciennes et coûteuses, amplifient par leur pression fiscale cette fuite vers des feuilles d'impôts plus légères. En vingt ans, le paysage de l'Amérique en a été bouleversé. Des villes au bord de la ruine, musées mal entretenus et réserves pour touristes, comme San Francisco ou La Nouvelle-Orléans, rivalisent aujourd'hui avec Manhattan. Les communautés les plus riches des États-Unis, comme Orange County ou Monterey en Californie, n'étaient, il y a une génération, que des villages de pêcheurs ou des retraites pour écrivains naturalistes.

Aujourd'hui, six des dix plus grandes villes américaines se trouvent au Sud : Los Angeles, Houston, Dallas, San Antonio, Atlanta et Phoenix. En 1982, pour la première fois dans l'histoire américaine, le Sud et l'Ouest occupent plus de la moitié des sièges à la Chambre des Représentants. Depuis vingt ans, tous les présidents des États-Unis viennent du Sud : Johnson du Texas, Nixon et Reagan de Californie, Carter de Georgie. Pour mesurer la progression de cette tendance, il suffit de noter, sur une ligne théorique allant de Boston à San Diego, le déplacement, à raison d'un kilomètre par semaine, du centre de gravité démographique du pays.

Ce bouleversement entraîne des conséquences politiques, culturelles, économiques considérables. Car le Sud, c'est avant tout un état d'esprit, voire une civilisation. Le rêve américain y est enraciné plus profond. La conviction y est forte que l'aventure individuelle reste possible. La foi religieuse y est plus active. Le *Sun Belt* s'appelle aussi *Bible Belt*, le pays de la Bible. Les mouvements intégristes partent tous du Sud. C'est au Sud que l'Église baptiste est la mieux implantée, le catholicisme y est rare, le judaïsme inconnu hors de Miami et de Los Angeles.

L'Américain, au Sud, vit sous un ciel presque toujours bleu, l'espace y est infini. Le jogger de Big Sur, sur la côte californienne, peut parcourir des kilomètres de plages sans rencontrer âme qui vive, le conducteur à son volant rouler des heures sans croiser d'autre voiture, l'avion y est un transport de masse. Le Sud est immense, des régions entières sont inhabitées, la nature y est encore vierge. Le comportement des individus est évidemment marqué par tant de beauté naturelle et d'espace libre. Le Sudiste croit en un monde ouvert et au progrès perpétuel. Pour lui, l'État, les syndicats sont des parasites nuisibles à l'aventure capitaliste. Pour l'Américain du Nord-Est, en revanche, l'horizon est rapproché, l'habitat trop dense, l'angoisse économique immédiate. Il voit dans l'État et les syndicats des protecteurs, seuls capables de redistribuer entre les individus des ressources qui se raréfient. Un Ted Kennedy, catholique tourmenté, persuadé que la vocation essentielle de l'État est de protéger les plus pauvres, est typiquement un homme du Nord-Est ; Ronald Reagan est typiquement un homme du Sud-Ouest.

Le dynamisme politique de la droite américaine, son esprit de mission, sa volonté de reconquête nationale et internationale sont donc fondés sur de solides bases géographiques, démographiques et économiques. Sa domination culturelle est également devenue évidente grâce à des produits télévisés de masse comme *Dallas* ou *Dynastie*, et à la musique populaire : la *country music* du Sud a absorbé le rock du Nord dans une synthèse — le *country rock* —, qu'incarne bien le groupe Alabama, meilleure vente de disques de 1982, et qui colonise les ondes.

Tous ces éléments sont indissociés dans la révolution conservatrice et théorisés dans les livres des penseurs du néo-conservatisme comme Kevin Philips, qui a forgé en 1968 le terme de *Sun Belt*. Il suffit de visiter les entreprises du Texas et de Californie pour constater immédiatement qu'elles ne produisent pas que du pétrole et des microprocesseurs, mais également une idéologie. Bob Palmer, président de Rowan, la première société américaine de forage pétrolier, considère que sa prospérité n'est pas seulement financière ou technologique ; elle repose fondamentalement sur l'éthique du travail et le respect de la famille, les deux piliers du capitalisme texan. Totalement investi dans le travail, Bob Palmer commence sa journée vers quatre heures du matin — sauf le dimanche où il va à la messe — en téléphonant à ses chefs d'équipe pour connaître le degré d'avancement des forages en mer. A ses collaborateurs qui n'arrivent qu'à neuf heures du matin à leur bureau, il souhaite ironiquement un bon après-midi.

Il faut survoler le golfe du Mexique, parsemé de ces plates-formes de forage reliées à la côte par un maillage serré de pipelines, pour prendre la mesure du capitalisme texan. Chaque unité qui vaut deux millions de dollars, est pilotée par une quarantaine d'hommes dont aucun ne gagne moins de 25 000 dollars par an en travaillant une semaine sur deux. Les salaires sont affichés à la cantine. Bob Palmer va d'une plate-forme à l'autre dans son hélicoptère. C'est un capitaliste sans état d'âme, un reaganien sans complexes. Comme tous ses collègues, il soutient sans réserve le ministre de l'Intérieur, James Watt, qui a décidé de mettre un terme à un siècle de protection naturelle des sites en concédant aux sociétés pétrolières les rivages de Californie. Les « verts » protestent, mais, dans l'Amérique de Reagan, on les entend à peine [2].

A Santa Clara, en Californie, la société Intel, qui a inventé la « puce informatique », produit aussi de l'idéologie capitaliste. Ses deux fondateurs, Moore et Noyce, attribuent tout autant leur succès à leur foi dans les vertus du marché et dans la morale de l'entreprise qu'à leur génie inventif. Intel est à la fois un laboratoire et une projection, dans le monde du travail, d'une certaine idée de la démocratie américaine : pas de bureaux somptueux pour les dirigeants, une cafétéria unique pour tous, pas de voitures de fonction, pas de places de parking réservées. Tous les employés sont supposés adhérer à l'éthique capitaliste et respecter discipline, loyauté, honnêteté, exactitude. Les problèmes ne doivent pas être dissimulés, mais exposés et négociés. Les décisions sont prises par consensus, voire à la majorité, jamais de manière autoritaire. Chaque unité de production dispose de sa salle de réunion : la discussion, la communication permanente font partie de la journée de travail. La seule récompense, c'est l'argent : salaire et bonifications en fonction de la qualité de la production. Les recrutements et promotions se font uniquement selon le mérite et le travail, comme en témoigne la par-

2. A propos d'un projet de pipeline qui traverserait le parc national des séquoias au nord de la Californie, Ronald Reagan a fait savoir que lorsqu'on avait vu un séquoia, on les avait tous vus !

ticipation importante d'employés asiatiques ou mexicains à tous les échelons, jusqu'au sommet. Naturellement, personne n'est syndiqué.

Sur le modèle d'Intel, plusieurs centaines de jeunes ingénieurs ont tenté leur chance au même endroit, devenu *Silicon Valley*, la vallée du silicone, le matériau de base des microprocesseurs. Ce n'est pas une vallée, mais une vaste zone industrielle où 150 000 personnes, rivées à leur microscope et à leur ordinateur, dessinent la moitié des microprocesseurs du monde, des puces de silicone de 8 millimètres de côté, capables de stocker chacune 64 000 informations. La moindre innovation peut, en quelques mois, déclencher d'immenses fortunes, comme cela est arrivé à l'inventeur de l'Apple, premier micro-ordinateur, ou au créateur des jeux vidéos Atari. D'autres perdent tout en quelques semaines. La concurrence est féroce entre Américains et avec les Japonais.

Sur le parking d'Intel, les containers de microprocesseurs vont partir pour le port de San Francisco. Ils seront emballés à Taïwan, Singapour, Djakarta, pour être ensuite revendus dans le monde entier. A cinquante kilomètres plus au Nord, les chercheurs de l'Université de Stanford travaillent sur un microprocesseur biologique qui se reproduirait lui-même à l'infini et transmettrait ses informations par un circuit chimique. Dans le quartier financier de San Francisco, des Blancs, des Noirs, des Mexicains, des Chinois, des Japonais, des Coréens, des Philippins, des Vietnamiens travaillent dans les mêmes bureaux. Tous sont Américains ou vont le devenir. En 1990, la Californie sera le plus peuplé des États du monde à majorité non blanche si le rythme actuel de l'immigration s'y maintient ; il est déjà difficile d'ignorer l'espagnol, dans le Sud-Ouest, si l'on veut mener une activité normale. Cette nouvelle

Amérique nous est plus étrangère que l'ancienne. Pour les Européens, les États-Unis s'identifient encore à la côte Est, à New York, la culture populaire à Broadway. Nous pouvions comprendre les Kennedy, les Nixon. Ils partageaient notre vision du monde, c'étaient des Européens *honoris causa*.

Mais nous devons nous rendre à l'évidence : la nouvelle Amérique, celle qui compte, est désormais loin de nous, culturellement et géographiquement. Elle est tournée vers le Pacifique plus que vers l'Atlantique, et, vue de Dallas ou de San Francisco, l'Europe est extrêmement éloignée. Cette nouvelle Amérique ne partage pas nos états d'âme, nos débats philosophiques, ni nos querelles politiques. Son climat, ses paysages, ses succès économiques, la combinaison réussie du soleil et de l'informatique, lui donnent une confiance en elle-même et dans le rêve américain qu'elle n'avait sans doute plus connue depuis les splendides années 20. La gauche reproche beaucoup aux conservateurs de vivre dans la nostalgie de ces années-là, mais les conservateurs les ont effectivement réinventées. Et la gauche aura beaucoup de mal à persuader les Loveall qu'il ne s'agit pas là du meilleur des mondes possibles, ou à leur proposer une alternative pour les années 80.

Mais ce n'est pas seulement la douceur du climat ou l'abondance des ressources naturelles qui expliquent le passage réussi du Sud-Ouest d'une économie rurale à la haute technologie. C'est aussi la mobilisation de l'intelligence, que symbolisent les universités de Californie.

La liaison de l'enseignement avec la recherche et ses applications industrielles est chose courante autour des grandes universités américaines. C'est pour cette raison que, sans soleil, dans un rude climat, l'État du Massachusetts, à l'extrême opposé du *Sun Belt*, a lui aussi réussi une reconversion spectaculaire des industries traditionnelles en industries à haute technologie, ramenant le chômage à l'un de ses plus bas niveaux aux États-Unis. La « route 128 », le long de laquelle se sont installées les nouvelles industries informatiques, est la réplique locale de Silicon Valley. Sans doute le rayonnement des universités de Nouvelle Angleterre, Harvard, le Massachusetts Institute of Technology, et la tradition intellectuelle de la région de Boston expliquent-ils pour beaucoup ce succès. Jean-Jacques Servan Schreiber, dans *Le Défi américain* en 1967, puis dans Le *Défi mondial en 1980,* avait vu dans cette mobilisation des ressources de l'intelligence la clé de la prospérité économique des États-Unis, ce qu'il appela ses gisements de matière grise : les idées, pas le pétrole du Texas ni l'or de Californie.

Ni même l'argent. Car une des caractéristiques de ces entreprises de Silicon Valley ou de la Route 128 est qu'elles ont été créées avec très peu de capitaux, et en exigent aussi peu pour fonctionner. Toutes sont fondées sur une idée, combinée à l'esprit d'entreprise de quelques individus sans ressources personnelles. Le nouveau capitalisme est un capitalisme sans capital, et, à cet égard, le terme de libre entreprise le définit de manière plus conforme à la réalité. L'industrie informatique confirme ainsi les hypothèses de Nowak ou de Gilder beaucoup mieux que les industries traditionnelles qui exigent plus d'investissements financiers que d'esprit d'entreprise.

De plus, l'informatique accélère la révolution à l'intérieur même du capitalisme. Le microprocesseur favorise à l'infini le développement de l'individualisme créateur. C'est vrai pour le consommateur qui, aujourd'hui, « joue » sur les programmes de son micro-ordinateur Atari, mais qui, demain, pourra les composer lui-même. C'est vrai aussi pour l'entrepreneur, l'activiste économique à qui l'informatique apporte une surmultiplication de ses capacités économiques pour un investissement minimum.

La nouvelle informatique modèle donc un type de société où les idéologies de masse seront particulièrement inadaptées et inapplicables. Dès lors, la révolution conservatrice américaine, anti-étatique, antisocialiste et individualiste, n'apparaît plus comme une réaction historique, mais, au contraire, comme un essai de traduction morale, intellectuelle et politique, de l'innovation technologique de cette fin de siècle.

Conclusion

La morale et le microprocesseur

Dans le hall d'Enterprise Square, à Oklahoma City, un sablier, un drapeau et une Bible symbolisent la nouvelle donne américaine. Trinité chrétienne ou maçonnique : le sablier est l'emblème de la maîtrise du temps, le drapeau celui des valeurs, la Bible celui de la morale.

Nous autres Européens, qui avons déjà tant attrapé de l'Amérique, sommes certainement exposés à une nouvelle contagion. Après le jazz dans les années 30, le chewing-gum à la Libération, l'éducation permissive, le rock et les stars dans les années 50, les jeans, le style Kennedy en politique et la fureur de vivre en 1960, la contestation, la mode hippie et le management à partir de 1968, le jogging et l'aérobic au début des années 80, devrions-nous échapper à ce supplément de foi religieuse, à cette poussée d'anti-étatisme et à ce regain de libre entreprise ?

Ce nouveau « modèle » ouvre des perspectives de prospérité sans précédent, mais il exige aussi de rudes conversions : économiques, intellectuelles, sociales. Il suppose en particulier que les nations, défiées par la révolution technologique, préfèrent le risque à la sécurité, l'individualisme au collectivisme, l'inégalité dans la prospérité à l'égalité sans la prospérité, la croissance sans garantie de l'emploi, au plein emploi sans la croissance. Là, sont, en France, les choix auxquels nous ramène ce voyage américain.

La sortie de la crise n'exige pas pour autant de recopier. Mais ce modèle peut élargir le champ de nos recherches et inciter à trouver en nous-mêmes nos propres ressorts.

Nous avons vu aux États-Unis comment « d'en bas » est montée l'innovation sociale, morale, intellectuelle, économique. Ce n'est pas là une idéalisation populiste, c'est ce qui s'est réellement produit. Retenons-en qu'il n'appartient pas à l'État, ni à la classe politique, ni à la bureaucratie publique, d'élaborer des systèmes idéologiques et de les plaquer sur la société civile. Dans une nation démocratique, la politique se doit logiquement d'être à la remorque, ou au moins à l'écoute des citoyens, non l'inverse. Cette démocratisation créatrice est favorisée par les voies qu'ouvrent à l'imagination et à l'expression les technologies avancées. Il sera de moins en moins nécessaire, ici comme aux États-Unis, de disposer de capitaux considérables pour créer des entreprises nouvelles ; dans une société informatisée et de services, la créativité l'emportera sur l'argent. Le nouveau capitalisme sera démocratique.

Il ne sera plus nécessaire non plus de contrôler les mass médias pour se faire entendre. Déjà les radios locales, l'effervescence associative, lézardent la techno-domination de quelques-uns, État et oligopoles semi-publics. Demain, le câble et le satellite noieront l'actuel sirop médiatique sous une multitude d'expressions particulières.

L'État et les idéologies de masse qui le glorifient devraient être les principales victimes de cette révolution technique et culturelle. Cette dénonciation de la primauté du rôle de l'État bouscule encore nos habitudes de pensée. L'État est relativement peu présent dans les réflexions idéologiques ou les modèles historiques français. Se situer par rapport à la centralité de l'État n'est pas chez nous, à la différence de l'Amérique, une prise de position « classifiante ». Trop habitués à vivre avec un pouvoir fort et prétendument protecteur, nous avons perdu le recul suffisant pour en déceler la nature abusive et la fonction corruptrice. Le plus-ou-moins-d'État n'est qu'un concept récent dont l'élan nous est précisément venu d'Amérique. Pour les néo-conservateurs, c'est le trop-d'État qui a provoqué la crise ; seule la désétatisation permettra d'en sortir.

Transposer en France une telle problématique mène à l'éclatement de nos schémas politiques et introduit de nouvelles lignes de clivage qui zigzaguent dans notre paysage. Le choc américain provoque déjà des discordances à l'intérieur de chaque camp. A gauche, un nouveau langage exhorte à limiter les prélèvements publics, réintroduit la haute technologie dans la réflexion sur la crise, décentralise, doute du keynésianisme : autant de gestes « reaganiens » qui n'étaient pas explicitement inscrits dans le programme socialiste ! A droite, le parti le plus traditionnellement centralisateur s'est métamorphosé pour adopter le discours conservateur des États-Unis, ses concepts et son vocabulaire.

Ces conjonctions n'esquissent ni retournement, ni nouvelles alliances, seulement une imprégnation générale de la réflexion par les hypothèses américaines. Cette percée idéologique se propage d'autant plus vite qu'en face, il n'y a rien. Les théories classiques, social-démocrates ou marxistes n'offrent ni explication, ni solution à une crise qui est à la fois *éthique* et *technique*, et qui annonce le futur plus qu'elle ne nous renvoie au passé. Or, l'idéologie néo-conservatrice est me semble-t-il, à l'heure actuelle, le seul modèle alternatif occidental à allier morale et microprocesseur.

Ithaca (New-York), 29 janvier 1983.

Carte des lieux cités

Remerciements

A Steven KAPLAN, professeur à l'université de Cornell, Ithaca, New York.

Et Barbara ANDERSON, présidente du Tax Reduction Movement, Boston, Massachusetts.

Jim BAKKER, P.T.L. Club, Charlotte, Caroline du Nord.

Aram BAKSHIAN, cabinet du président des États-Unis, Washington, D.C.

Robert BARTLEY, directeur de la rédaction du *Wall Street Journal,* New York.

Griffin BELL, avocat, ancien ministre de la Justice, Atlanta, Georgie.

Charles BLACKBURN, vice-président de Shell, Houston, Texas.

Stuart BLUMIN, professeur à l'université de Cornell, Ithaca.

Jukian BOND, sénateur, Atlanta, Georgie.

Thomas BRAY, rédacteur en chef du *Wall Street Journal,* New York.

Jack CARSTEN, vice-président d'Intel Corporation, Santa Clara, Californie.

James CHACE, rédacteur en chef de *Foreign Affairs,* New York.

Lawrence CHICKERING, Institute for Contemporary Studies, San Francisco, Californie.

Terry DOLAN, New Conservative Congress, Washington, D.C.

William DONAHUE, secrétaire général de San Antonio, Texas.

Edwin FEULNER, président de la Fondation Heritage, Washington, D.C.

Jeremy FALWELL, Congregation St. Thomas, Lynchburg, Virginie.

Richard FISHER, banquier, Dallas, Texas.

Ray FLINN, conseiller municipal, Boston, Massachusetts.

Douglas FRAZER, président de United Auto Workers, Detroit, Michigan.

Nel et Norma GABLER, Longview, Texas.

Keith GAFFANEY, National Rifle Association, Washington, D.C.

Dale GARDNER, astronaute, NASA, Houston, Texas.

George GILDER, économiste, Tyringham, Massachusetts.

Peter GRACE, président de Grace Company, New York.

Peter GOLDMARK, vice-président de New York Port Authority.

Roman GRIBBS, juge d'appel, Detroit Michigan.

Robert HENDERSON, directeur de la prison d'Auburn, New York.

Frank HERRINGER, vice-président de Transamerica Corporation, San Francisco, Californie.

Howard JARVIS, Tax Revolt Movement, Los Angeles, Californie.

Constance JEWETT, French American Foundation, New York.

Larry JOHNSON, avocat, Cambridge, Massachusetts.

Michael KAMMEN, professeur à l'université de Cornell, Ithaca.

Dr. KIRACOFFE, cabinet du sénateur Helms, Washington, D.C.

Irving KRISTOL, directeur de *Public Interest,* New York.

William LOVEALL, chômeur, sans domicile fixe.

Theodore LOWI, professeur à l'université de Cornell, Ithaca.

Daniel LURIA, département de la recherche, United Auto Workers, Detroit, Michigan.

Allen MATUSOW, professeur à l'université de Rice, Texas.

Peter MC CLELLAND, professeur à l'université de Cornell, Ithaca.

Gordon MOORE, président de Intel, Santa Clara, Californie.

John MUELLER, cabinet du député Jack Kemp, Washington, D.C.

Barbara MATUSOW, journaliste, Washington, D.C.

Michael NOVAK, économiste, American Enterprise Institute, Washington, D.C.

Robert PALMER, président de Rowan Companies, Houston, Texas.

Norman PODHORETZ, directeur de *Commentary,* New York.

Richard POLENBERG, professeur à l'université de Cornell, Ithaca.

Darwin PURDY, maire de Kennesaw, Georgie.

Jeremy RABKIN, professeur à l'université de Cornell, Ithaca.

Robert ROWLAND, Enterprise Square, Oklahoma City.

Robert RUBBLES, sheriff de Kennesaw, Georgie.

Robert SCALAPINO, professeur à l'université de Berkeley, Californie.

Phyllis SCHLAFLY, Eagle Forum, Alton, Illinois.

Jim SHANNON, député du Massachusetts.

Seymour SIEGEL, professeur à l'Institut de Théologie juive, New York.

Anthony SMITH, général, SHAPE, Bruxelles.

Harold SMITH, directeur de la prison d'Attica, New York.

Benjamin SPOCK, pédiatre, Rogers, Arkansas.

Ian STRECKER, président de Schlumberger Well Services, Houston, Texas.

Ezra SULEIMAN, professeur à l'université de Princeton, New Jersey.

Steven TEICHLER, Teichler Company, Los Angeles, Californie.

Cal THOMAS, Moral Majority, Lynchburg, Virginie.

Morgan VARNER, avocat, Atlanta, Georgie.

Richard VIGUERIE, Viguerie Company, Falls Church, Virginie.

Nicholas WAHL, professeur à l'université de New York.

George WALLACE, gouverneur de l'Alabama.

Jude WANNISKI, économiste, Polyconomics, Morristown, New Jersey.

Frederic WERTHEIMER, Common Cause, Washington, D.C.

Robinson WEST, directeur au ministère du Travail, Washington, D.C.

Robert WESTMORELAND, général en retraite, Charleston, Caroline du Sud.

Andrew YOUNG, maire d'Atlanta, Georgie.

Table des matières

L'impression de ce livre
a été réalisée sur les presses
des Imprimeries Aubin
à Poitiers/Ligugé

pour le compte de la librairie Arthème Fayard
75, rue des Saints-Pères à Paris

ISBN 2-213-01296-2

N° d'édition, 6652 — N° d'impression, L 15735
Dépôt légal, août 1983

Imprimé en France

35-7073-6